- 贯彻教育部出台的青少年防溺水措施"六不准"
- 根据教育部有关做好中小学生安全教育工作的

中小学生防范溺水安全知识读本

蔡葵 ◎ 主编

主　编：蔡　葵
副主编：陈能汉　郭望宏
编　委：杨建新　陈　燕　许　蓉　夏小超
　　　　严　萍　张　红　万　青

吉林大学出版社

图书在版编目(CIP)数据

中小学生防范溺水安全知识读本 / 蔡葵主编. —
长春:吉林大学出版社,2018.1
ISBN 978－7－5692－1799－5

Ⅰ.①中… Ⅱ.①蔡… Ⅲ.①淹溺－安全教育－中小学－教学参考资料 Ⅳ.
①G634.203

中国版本图书馆 CIP 数据核字(2018)第 026764 号

书　　名:中小学生防范溺水安全知识读本
　　　　　ZHONG－XIAO XUESHENG FANGFAN NISHUI ANQUAN ZHISHI DUBEN
作　　者:蔡葵　主编
策划编辑:许海生
责任编辑:许海生
责任校对:郭湘怡
装帧设计:郭支鹏
出版发行:吉林大学出版社
社　　址:长春市人民大街4059号
邮政编码:130021
发行电话:0431－89580028/29/21
网　　址:http://www.jlup.com.cn
电子邮箱:jdcbs@jlu.edu.cn
印　　刷:三河市宏顺兴印刷有限公司
开　　本:710mm×1000mm　1/16
印　　张:12
字　　数:150千字
版　　次:2020年5月　第1版
印　　次:2020年5月　第1次
书　　号:ISBN 978－7－5692－1799－5
定　　价:36.00元

版权所有　翻印必究

前 言

　　水是我们日常生活中最常见的东西，喜欢玩水是孩子们的天性，几乎每个孩子都喜欢亲近水，喜欢各种和水有关的娱乐活动和运动项目，比如游泳、划船、漂流、冲浪等等，尤其是到了炎热的夏天，在水中游泳、嬉戏、玩乐更是孩子们最喜欢做的事情。但是，我们在享受水带给我们的快乐的同时，千万不要忘了水的危险性。如果我们对水没有足够的危险警惕意识和安全防范知识，一旦疏忽大意或发生危险，就极易发生溺水伤亡事故。

　　根据世界卫生组织的统计，全球每年约有372 000人死于溺水，这意味着每小时有40多人因溺水而丧失性命。在我国每年有近5万名儿童死于意外伤害，溺水在所有儿童意外伤害死因中所占的比重，近年来持续保持在一半以上，而且趋势有增无减。近几年来，溺水事故已经成为了中小学生意外死亡的第一杀手，特别是每年夏天，更是中小学生溺水事故的高发期。为此，教育部专门提出了学生防溺水六不准：

　　一、不私自下水游泳。

二、不擅自与他人结伴游泳。

三、不在无家长或教师带领的情况下游泳。

四、不到无安全设施、无救援人员的水域游泳。

五、不到不熟悉的水域游泳。

六、不熟悉水性的学生不擅自下水施救。

为了响应教育部的号召，全面落实防溺水安全工作文件精神，提高中小学生的溺水安全意识和防范技能，减少溺水事故的发生，我们特邀请中小学生安全问题专家编写了《中小学生防范溺水安全知识读本》。

全书内容分为认识溺水、危险的水域、下水安全常识、水中遇险自救知识和科学救助溺水者等五个章节，全方位解析了和溺水有关的安全常识和科学知识，帮助学生提高安全防范意识，学会溺水自救和科学救助溺水者的本领，尽可能减少溺水伤亡事故发生，给广大中小学生提供更加安全的生命保护。

此外，本书以中小学生为读者对象，语言浅显易懂，内容准确实用，版式简明活泼，插画丰富生动，案例发人深省，很适合中小学生阅读，是一本通俗、生动、实用的中小学生溺水安全知识读物。书的后面还附有游泳教学知识，旨在帮助中小学生掌握必要的游泳本领，巩固学会的知识，达到学而能用、举一反三的学习效果。

编　者

目 录

第一章 认识溺水

第一节 什么是溺水 ………………………………… 1
1. 溺水的定义 …………………………………… 1
2. 哪些情况容易发生溺水 ……………………… 4

第二节 溺水的类型 ………………………………… 8
1. 湿性溺水 ……………………………………… 8
2. 迟发性溺水 …………………………………… 12
3. 干性溺水 ……………………………………… 15

第三节 溺水的认识误区 …………………………… 17
1. 误区一:溺水后都会大声呼喊 ……………… 17
2. 误区二:会游泳就不会溺水吗 ……………… 17
3. 误区三:手拉手就能救上来溺水者 ………… 18
4. 误区四:溺水不超过1小时就能救活 ……… 19

第四节 学习防范溺水知识意义重大 ……………… 20
1. 学习防范溺水知识的重要性 ………………… 20
2. 如何增强防范溺水的意识 …………………… 23

第二章 危险的水域

第一节 远离江河湖海 ……………………………… 25
1. 远离暗藏玄机的江河 ………………………… 25
2. 远离复杂多变的湖泊 ………………………… 29
3. 远离变幻莫测的大海 ………………………… 34

第二节 警惕水库池塘 ……………………………… 41
1. 警惕水情不明的水库 ………………………… 41

  2.警惕淤泥堆积的池塘 …………………………… 44

第三节　逃离暴雨山洪　　　　　　　　　　47
  1.逃离突如其来的暴雨 …………………………… 47
  2.逃离来势凶猛的山洪 …………………………… 49

第四节　小心沟渠坑井　　　　　　　　　　53
  1.小心杂乱的沟渠 ………………………………… 53
  2."坑人"的水坑 …………………………………… 55
  3.变成"陷阱"的井 ………………………………… 57

第五节　其他危险水域　　　　　　　　　　61
  1.深潭 ……………………………………………… 61
  2.沼泽 ……………………………………………… 64
  3.暗河 ……………………………………………… 66

第三章　下水安全常识

第一节　游泳安全常识　　　　　　　　　　68
  1.下水游泳先知道 ………………………………… 68
  2.牢记游泳九大忌 ………………………………… 71
  3.海边游泳要小心 ………………………………… 73
  4.冬季游泳要量力而行 …………………………… 78
  5.游泳时,耳朵进水怎么办 ……………………… 83

第二节　水上交通安全常识　　　　　　　　84
  1.水上交通风险大 ………………………………… 84
  2.养成良好水上出行习惯 ………………………… 88
  3.遇上沉船,怎么办 ……………………………… 93
  4.有哪些求救方式 ………………………………… 95

第三节　水上娱乐安全常识　　　　　　　　98
  1.水上冲浪安全常识 ……………………………… 98

2.水下潜水安全常识 …………………………………… 101
　　3.水上漂流安全常识 …………………………………… 105

　第四节　跳水的安全常识 …………………………………… 108
　　1.跳水需谨慎 …………………………………………… 108
　　2.冬泳跳水的危险 ……………………………………… 111

第四章　水中遇险，怎么办

　第一节　水中抽筋，怎么办 ………………………………… 113
　　1.为什么会抽筋 ………………………………………… 113
　　2.抽筋了，我有妙招 …………………………………… 114
　　3.怎样预防抽筋 ………………………………………… 117

　第二节　身陷漩涡，怎么办 ………………………………… 119
　　1."吸人"的漩涡 ……………………………………… 119
　　2.怎样逃离漩涡 ………………………………………… 122

　第三节　乘车溺水，怎么办 ………………………………… 124
　　1.车辆落水时的特点 …………………………………… 124
　　2.争分夺秒地展开自救和他救 ………………………… 126
　　3.暴雨天气车辆溺水自救五大误区 …………………… 129

　第四节　掉入冰坑，怎么办 ………………………………… 131
　　1.冰上事故多 …………………………………………… 131
　　2.掉入冰坑后，自救与他救 …………………………… 135

　第五节　其他水中意外情况 ………………………………… 137
　　1.误入深水区，怎么办 ………………………………… 137
　　2.水草缠身，怎么办 …………………………………… 140
　　3.被鱼钩勾住，怎么办 ………………………………… 141

3

第五章　科学施救知识

第一节　分辨和确认溺水者 …………………………………… 142
　1. 真正的溺水是什么样的 ………………………………… 142
　2. 溺水者八大无声迹象 …………………………………… 144

第二节　救援前的准备 ………………………………………… 147
　1. 救援者树立"自保"意识 ………………………………… 147
　2. 及时呼叫专业救援人员 ………………………………… 152

第三节　岸上紧急施救 ………………………………………… 153
　1. 伸手救援 ………………………………………………… 153
　2. 借物救援 ………………………………………………… 154
　3. 抛物救援 ………………………………………………… 155

第四节　下水救援 ……………………………………………… 157
　1. 下水需三思 ……………………………………………… 157
　2. 下水救人注意事项 ……………………………………… 158

第五节　救生工具 ……………………………………………… 161
　1. 正确选择救生圈 ………………………………………… 161
　2. 学会穿着救生衣 ………………………………………… 164

第六节　人工呼吸 ……………………………………………… 167
　1. "倒立控水"是否科学 …………………………………… 167
　2. 怎样做人工呼吸 ………………………………………… 169

附录：一起来学游泳吧 ………………………………………… 174

第一章 认识溺水

第一节 什么是溺水

1 溺水的定义

在我国，意外伤害是0~14岁儿童的首要死因。据统计，我国0~14岁儿童因意外伤害所致的死亡，占0~14岁儿童总死亡的19%。平均每年近50000名儿童，平均每天有近150名儿童因意外伤害而失去生命。儿童伤害死亡只是"伤害死亡"的冰山一角，在每一位死亡者背后，还有着上百儿童因此而终身致残。

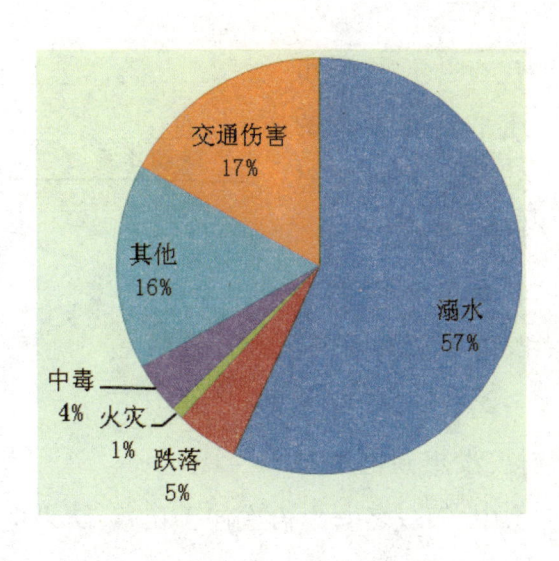

而意外溺水是儿童意外伤害的首要死因，10个因意外伤害而死亡的0~14岁儿童中，有近6个是因为溺水身亡的。其中4岁以下幼童占52%，5~9岁儿童占23%。当儿童溺水时，2分钟后便会失去意识，4~6分钟后身体便会遭受不可逆反的伤害。

案例警示

案例一：

邹某丽与两个弟弟及村里另外 4 名孩子一起到村前的海边挖海螺。邹某丽的弟弟不慎滑落进一个深达 4 米的水坑里,邹某丽见状便伸手去拉弟弟,没想到救弟弟不成反而被拉下了水。同样不懂水性的邹某豪也跳下去救人,结果三人同时遇难。

案例二：

广东河源市连平县元善镇的 6 名女生回家经过鹤湖水库时,一名女生不慎失足跌落库区水中,另一名女生赶忙施救,没想到也落入水中,第三名女生再次伸手相救,结果也被同伴拉入水中。由于这些女生均不会游泳,致使 3 人当场沉入库区水中而不幸溺水死亡。

案例三：

湖北武汉江岸区宝岛公园内,一名 10 岁男孩琪琪与两名小伙伴在湖边玩耍时不慎落水。众人发现后合力施救,不幸的是,小男孩琪琪仍不幸离开人世。

第一章 认识溺水

关于青少年溺水的新闻时时都有,但为什么还是不能引起大家的重视呢?关键还是青少年风险意识不强,在涉水时并未意识到其巨大的危险,以及关于防范溺水的知识了解得比较少,防范溺水的意识非常淡薄。

溺水是怎么回事

溺水是指大量水液被吸入肺内,引起人体缺氧窒息的危急病症。多发生在夏季,游泳场所、海边、江河、湖泊、池塘等处。

溺水者面色青紫肿胀,眼球结膜充血,口鼻内充满泡沫、泥沙等杂物。部分溺水者可因大量喝水入胃,出现上腹部膨胀。多数溺水者四肢发凉,意识丧失,重者心跳、呼吸停止。

溺水致死原因主要是呼吸道内吸入大量水分阻碍呼吸,或因喉头强烈痉挛,引起呼吸道关闭,窒息死亡。

说一说

1.请你给大家讲一讲你身边的溺水事故。
2.请你说一说溺水是怎么回事。

2 哪些情况容易发生溺水

水能养人,亦能杀人,暑假是溺水事故的高发期,尽管每年都有溺水事故的发生,但是对有些同学来说还是不能起到很好的警示作用。我们有时因为一个不小心或者是一念之差,就可能导致自己或者他人的生命永久地离开这个世界。

我们来了解一下哪些情况下容易发生溺水事故呢?

1. 游泳技术不熟练

初学游泳的人,由于技术掌握得不好,在水中一旦发生问题就会手忙脚乱,不知所措,导致呛水而造成溺水。

为预防事故发生,平时应正确地掌握游泳技术,呼吸自如,游泳时自然放松。如发生呛水,保持镇定,可改变游泳姿势,用踩水方法,排除呛水后立即上岸休息。

2. 在非游泳区游泳

由于对水中的情况不熟悉,即使会游泳,也可能发生溺水事故。因为水中可能有暗桩、礁石、急流、漩涡、水草以及障碍物等都可能对游泳者造成伤害。所以,尽量不要在非游泳区游泳。

第一章 认识溺水

3.患病期间游泳

　　对于一些有慢性病的人在医生的指导下是可以游泳的,但没有医生的指导是很危险的。如有些心脏病患者平时没有什么不良感觉,但一下水由于受到冷水的刺激,或游泳运动量过大,心脏一时不能适应,导致发病从而造成溺水。所以,对于身体有问题的人,建议听医生的建议,而且运动负荷不要太大。

4.长时间潜水

　　由于潜水必须憋气,而憋气时间过长或过频会引起大脑缺氧而出现头痛、头晕或休克等现象。因此潜水时间不要过长或过频,以免发生意外。

5.碰撞打闹

　　有些人喜欢在水里打闹嬉戏,特别是年轻人喜欢做些有挑战性的动作。如:跳水,这是比较危险的,有时游泳池深度不够,跳水后将自己的头撞破的事时有发生。

6. 抽筋溺水

由于游泳前未做好准备活动、身体过于疲劳、出汗后马上下水、水温过凉、技术动作过分紧张等原因，在游泳中都会出现抽筋的现象。如手指、前臂、脚趾、小腿和大腿等部位都容易抽筋，如果在深水自己不会处理，就会发生溺水事故。要学会简单的处理方法，主要使抽筋部位伸展。

7. 疲劳游泳

有的游泳爱好者喜欢长游，看看自己到底能游多长、多久。这是可以理解的，但是这样也容易发生溺水事故。

例如，本来自己只能游1000米，但非要横渡1500米的水域，难免发生事故。所以遇到这种情况时，一不要逞能，二要赶紧回岸，三要及早呼救。

8. 突遇暴雨、山洪

遇到洪灾等不可抗拒的来水时，如果头脑是清醒的，尽量抓住一切可以利用的漂浮物体，如木桩、门板等游向较近的岸边，等待救援。

第一章 认识溺水

溺水是危险的,溺水是可怕的,溺水却是可避免的。我们每个人的生命都是非常珍贵的,每个人的生命有且只有一次,我们应该加倍去呵护我们宝贵的生命。

说一说

1. 请你说一说其他可能遇到的会发生溺水的情况。
2. 请你说一说你所知道的关于防范溺水的童谣。

防溺水安全知识顺口溜

伏天天气闷又热,游泳消暑图清凉,
麻痹大意出事故,防溺常识要多讲。
学生放假去游泳,家长陪护不能忘;
要去正规游泳场,安全卫生有保障;
下水之前先热身,没证不下深水池。
身体状况要注意,发烧感冒游别想。

第二节　溺水的类型

1 湿性溺水

★湿性溺水是什么

湿性溺水,就是在溺亡的过程当中,肺里面吸入大量的水之后引起的窒息死亡。水被溺水者吸入体内后,就会进入肺部,造成窒息,危及生命。

湿性溺水也是我们最常见到的溺水类型。

★哪些是湿性溺水

※ 海洋溺水

海洋溺水是指在大海中或海岸区域发生的溺水。

这类溺水的特点:溺水发生地点深不可测,而且受天气、风浪、暗流等的影响,可能给寻找溺水者及救援都带来巨大的困难。

※ 江河溺水

江河溺水是指在流动的水里发生的溺水。

这类溺水的特点:由于水是流动的,水的流速是不相同的,而且受很多因素的影响,所以有时候平缓,有时候湍急,有时会有漩涡等,加

第一章 认识溺水

之河流的弯曲以及水中经常有各种各样的障碍物,这些都会增加救援的难度。

※ 湖塘溺水

湖塘溺水是指在湖泊及池塘里发生的溺水。这类地方往往是静止的和开阔的淡水水域,浅水处及岸边有一定的坡度,而且容易生长水草和苔类物质。

这类溺水的特点:常常使在浅水区玩耍的人不慎滑落水中,造成溺亡。

※ 水井溺水

水井溺水是指不慎掉入井中造成的溺水。

这类溺水的特点:由于井口及井壁较狭窄,所以落井者在下落的过程中可能造成撞伤,并且落水后由于井下空间十分小而无法充分活动。在有的深井还可能存在有毒气体,给落井者带来更大的伤害。落井者在井下呼叫不容易被发现,这些都

9

是导致落井者溺亡的重要原因。

※澡盆溺水

澡盆溺亡是指在家中用澡盆洗澡时发生的溺水。这种溺水多见于婴儿和老人。妈妈在给婴儿洗澡时不慎将婴儿落入澡盆，发生溺水。老年人躺在浴缸里洗澡，由于水的张力和附着力的作用，使老年人从浴缸里坐起来时十分艰难，久而久之发生呛水或者溺水，从而导致死亡。

※粪池溺水

粪池溺水是指跌落在粪池中导致的溺水。

这类溺水的特点：溺水介质为粪尿，导致溺水者吸入呼吸道的物质比水还要黏稠，增加呼吸的难度。还有一点，粪便可使素不相识的急救者望而却步，而专业的救援者很难在短时间内到达，这是粪池溺水者死亡率较高的重要原因。

案例警示

海南乌烈一个学校的10多名男女学生（其中有10名女生）来到昌化江洗澡。下午5时许，这些学生洗完澡后准备返回，由于不习水性，为防止被水冲走，10名女生相互间手拉着手过河，但是由于水流太急，有8名女生不幸被河水冲到一两百米远的深水区，随后不见了踪影，另外2名女生被旁边的1名男生死死拽住才幸免于难。

由于该名男生不习水性，看到自己的同学被水冲走，他急忙上岸跑回乌烈村求救。由于乌烈村距离事故现场大约有4公里，村民赶到后花了一个多小时才将8名女生的尸体找到。据悉，溺水身亡的8名女生年龄最大仅为15岁，最小的才13岁。

第一章 认识溺水

溺水是可怕的，更可怕的是溺水之后我们的慌乱，我们的无措，这样会让我们的生命更早地离开这个世界。那么应该怎么样为自己的生命多争取一些时间呢？

◎要保持镇静，游泳时万一溺水，切莫慌张。千万不要手脚乱蹬拼命挣扎，只要不胡乱挣扎，人体在水中就不会失去平衡，这样身体就不会下沉得很快。

◎除呼救外，落水后立即屏住呼吸，然后放松肢体，当你感觉开始上浮时，尽可能地保持仰位，使头部后仰，使鼻部可露出水面呼吸，呼吸时尽量用嘴吸气、用鼻呼气，以防呛水。呼气要浅，吸气要深。

◎千万不要试图将整个头部伸出水面，这将是一个致命的错误，因为对于不会游泳的人来说将头伸出水面是不可能的，这种必然失败的做法将使落水者更加紧张和被动，从而使整个自救功亏一篑。

说一说

1. 请你说一说湿性溺水的特征。
2. 请你说一说落水后，应该如何做才能为自己争取更多的自救时间。

2 迟发性溺水

迟发性溺水是指在游泳过程中发生短暂的溺水或因为其他事故,肺部吸入了少量的水。虽然发生之后受害者可能表现得和平时差不多,但肺部在进水的刺激下,逐渐引发水肿,随着水肿情况加重,肺部呼吸的能力越来越弱,最终窒息。

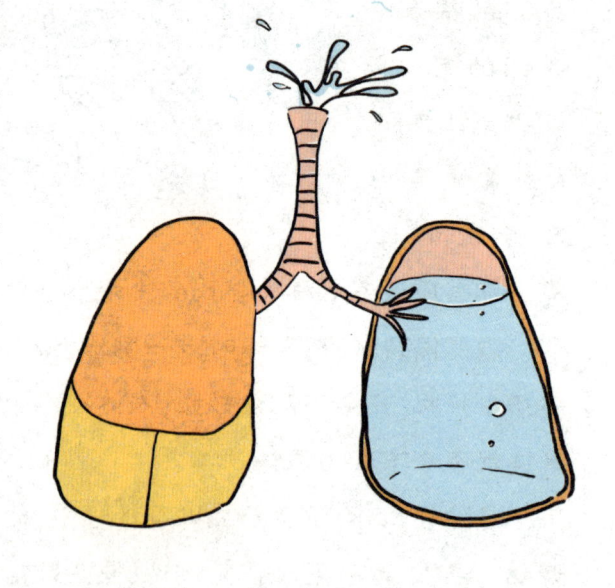

迟发性溺水多发生于游泳初学者,尤其是青少年儿童。有时候,青少年儿童会在不知不觉间呛了水到肺里,但一开始不会有任何的异常,但慢慢地,肺功能会受到影响,随后会出现乏力、嗓子痛、咳嗽以及呼吸困难等症状,如果发现得比较晚,孩子可能会口吐白沫,直至死亡。

案例警示

案例一:

家住湖北武汉的6岁男孩龙龙和父亲在一家室内游泳馆游了1个多小时,晚饭时,父母发现龙龙精神萎靡并不停地咳嗽,体温也开始

第一章 认识溺水

升高,于是立即将他送到医院,经过检查后,龙龙被确诊为急性肺水肿。

原来,龙龙在游泳时呛了几次水,这些水在他上岸之后依旧留在他的肺中,虽然当时在表面没有任何异常,但随着时间推移引发了急性肺水肿,出现嗓子干疼、咳嗽、呼吸困难等症状。

案例二:

美国南卡罗来纳州的一名10岁小男孩,和妈妈去泳池玩。两个人走路回到了家,小男孩洗了个澡,之后说很困,就睡起了午觉。

一个小时后,妈妈看到小男孩完全变了样,于是开始一遍遍地叫小男孩的名字,可是男孩已没有了任何反应。他的脸上被好似海绵一样的白色泡沫覆盖,他在床上就这样溺死了。

案例三:

艾利带着她三个孩子去社区游泳池游泳。这位母亲小心翼翼地看护着他们,但没想到最大的危机反而来自出水之后。艾利最小的儿子3岁的奥菲在母亲身侧(岸上)玩耍时不慎跌入泳池,艾利穿着衣服跳进去把奥菲救上岸。但就在回家后的几个小时,这位母亲发现情况不对。

原本遵循以前的作息准备睡觉,但当艾利哄奥菲时,发现他有些发热,而且体温一直在升高,开始昏睡。凭母亲的直觉,她认为儿子并不是普通的感冒,于是匆忙将其带往医院。经检查,奥菲掉入游泳池后,呛入了一些水,这些水在他上岸之后依旧停留在他的肺中。X光显示他经历了迟发性溺水,如果不立即救治会致命。

13

虽说迟发性溺水只占溺水事件总数的1%~2%，但是这类溺水隐蔽性以及它的突发性更为可怕，在生活中会经常被我们忽视。那如果发生迟发性溺水，应该如何急救呢？

◎清除体内杂物

发现溺水的情况了就要及时将体内的杂物清除出来，以免堵塞气道引起窒息。将淹溺者腹部置于抢救者屈膝的大腿上，头部向下，按压背部迫使其呼吸道和胃内的水倒出，但时间不宜过长否则延误心脏复苏的时间。

◎心脏复苏

尽快采用口对口呼吸及胸外心脏按压。口对口呼吸时吹气量要大，先做人工呼吸，将气道打开，然后做胸外按压。

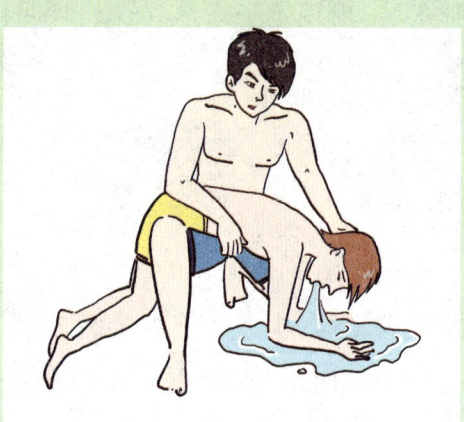

◎在进行前两项急救措施的时候，如果发现情况严重，则需要立即送往医院进行救治，以免耽误病情。

说一说

1.请你说一说你身边发生的迟发性溺水事件。

2.请你说一说如果发生迟发性溺水事件，你应该最先做什么。

第一章 认识溺水

3 干性溺水

干性溺水是孩子因为强烈刺激(惊慌、恐惧、骤然寒冷等),引起喉头痉挛,以致呼吸道完全梗阻,孩子发生喉部痉挛会有明显的症状,轻微时会有微弱的喘鸣音,孩子口唇发紫,脸色发干。严重时喘鸣音消失,会因脑部缺氧出现嗜睡、逐渐出现丧失意识。

安全小贴士

从急救的角度来看,和普通溺水不同的是,干性溺水不是"控水"救助,而是立刻进行心肺复苏施救。需要先人工呼吸,打开气道,之后胸外按压。但最关键的还是要送到医院,不要错过最重要的黄金救治时间。

干性溺水与迟发性溺水的区别

干性溺水的重点是喉部痉挛造成的急性窒息,因为气道的开口被封闭了,所以肺内几乎没什么进水。也就是说,"干性溺水"就是自己屏气

15

时发生喉头痉挛,空气和水都无法进入,实际上是自己把自己憋死了。

迟发溺水导致生命危险的主要原因是肺部的气体交换受阻,肺泡功能障碍,肺泡表面重要的表面活性剂流失。儿童在玩水时,需要大人严加看护,玩水后,也要密切关注一段时间。特别是救活溺水的孩子后,即便神志清醒了,也要对其严加观察,以免由于肺部的水没有完全排除,让孩子面临迟发性溺水的威胁。

总之,无论哪一类型的淹溺,都会对我们的生命造成无法预估的伤害,我们要时刻警惕,预防溺水,守护我们的生命,做到对自己负责,对家人负责。

防溺水安全歌

游泳安全最重要,公共泳池去处好。
私自游泳需杜绝,大人在旁安全保。
动作规范不乱跑,高处绝不把水跳。
伙伴遇溺不慌张,大声呼叫把警报。
身边若有漂浮物,救人要紧水中抛。

说一说

1. 请你说一说迟发性溺水与干性溺水的区别与联系。
2. 请你说一说干性溺水是由什么引起的。

第一章　认识溺水

第三节　溺水的认识误区

今天,让我们来谈谈关于溺水的认识误区,很多情况下,正是这些错误的认识导致了悲剧的发生,所以我们一定要警惕!

1　误区一:溺水后都会大声呼喊

我们在影视剧里看到溺水者总是双手乱挥、用力拍水、大声呼救,其实真正的溺水并不像这样,溺水总是悄然发生的!

溺水者往往想呼喊却发不出声音,特别是孩子。有的孩子在泳池中溺水,看起来却像是"趴"或"站"在水中发愣,而此时,孩子可能已意识模糊,应尽快将孩子抱上岸救治!

2　误区二:会游泳就不会溺水吗

有很多人认为只要会游泳,在水里就很安全,就不会发生危险,从而放松了警惕,这个误区真是不知道害死了多少人。

其实从近年来发生的溺水事故看,多数孩子都会游泳,但他们往往忽略了这些状况:水下的世界很危险,特别是水库、池塘、河流等野外水域,在这里面游泳,水草可能缠住你的脚、碎石可能划破你的脚、淤泥可能陷住你的脚等等,让你无法施展你的游泳技术,进而发生意外。或者因为你的身体状况,比如腿部抽筋、身体疲劳、空腹等也会让你无法正常游泳,从而导致溺水。

3 误区三:手拉手就能救上来溺水者

我们不时地会在新闻上看到手拉手救人,最后导致多人溺水的悲剧,每次听到这样的新闻我们都很揪心!

我们都能理解,看到亲人或同伴突然溺水,在情感上、道义上,我们的第一反应,可能都是自己去拉一把或拽一下,但这一拉往往是徒劳的,甚至还可能让自己溺水!救人的方式有千万种,但这种手拉手救人的方式死亡率是最高的,因为结成"人链"后,一旦有人因体力不支而打破"平衡",就会让多人落水,导致群死事件!

不管当时情况多么危急,我们都要在理智上保持清醒认识:救援溺水者是很有技术难度的,没有受过水中专业训练的人员,很难救援成功,特别是对孩童来说。千万不能再犯傻啦,毫无条件地手拉手救人,反而会让更多人失去生命!

第一章　认识溺水

4　误区四：溺水不超过1小时就能救活

长时间的溺水会造成溺水者的呼吸、心跳停止、脑部出现缺氧，严重的甚至发生脑死亡，这一过程的危害是不可逆转的。一般情况下，心脏骤停4~6分钟，脑组织就发生永久性伤害；心脏骤停10分钟，就出现脑死亡了。

所以，溺水超过一个小时是不可能被救活的。

防溺水童谣

防溺水，有高招，大人陪伴最是好。
私自游，很危险，不去深水很重要。
私下塘，不安全，要防头昏与痉挛。
要游泳，告家长，跳水潜泳会受伤。
伙伴不见大声喊，叫来大人最理想。
防溺水，要注意，水渠旁边莫贪玩。
水激流，不打闹，掉进激流会要命。
一江大水喝不完，青春年少赴黄泉。
洗衣服，找浅滩，深处陡坡不安全。
若遇衣物游得远，不要拼命伸手捡。
河水涨，莫强过，逞强逞能必招祸。
绕道行，才安全，雨过天晴家家安。
下雨天，路泥泞，团结互助讲文明。
大小相帮助人乐，平平安安把家还。

说一说

1.请你说一说溺水多久后，将出现脑死亡的情况。
2.请问你还知道关于溺水的其他误区吗？

第四节　学习防范溺水知识意义重大

1 学习防范溺水知识的重要性

一个人的生命只有一次,它就像一朵盛开的鲜花,灿烂而夺目。生命安全高于一切。

据统计我国每年有14460名中小学生在各种意外事故中死亡,大约每月死亡1200多人,每天死亡39人,这就意味着每天将要消失一个班级。每年夏季,我国遭遇高温酷暑天气,许多青少年擅自去江边、河边游泳嬉戏,导致溺水的人数大量增多,溺水死亡的人数比例在意外事故中占死亡人数的57%,已是意外事故中占比例最高的一项。

在我们身边,青少年的溺水事件时有发生,有的被成功救起,有的却永远地离开了这个世界。为什么会产生截然不同的两种后果呢?编者认为其中很重要的一个原因在互相救助时有没有掌握正确的技巧。我们来看一看下面两个结果不同的案例吧。

第一章 认识溺水

案例警示

案例一：

某中学一年级五班的部分同学自发组织到水库游玩，16岁的学生王哲独自一人到没有护栏的水库去洗手，水泥筑的大坝比较平整，长长的斜坡坡度较陡，大坝附近的水下部分长满了青苔，就在这时，意外发生了。她滑了下去，而且速度很快，不会游泳的王哲一下慌了神，她一边挣扎，一边呼救。

正在附近玩耍的王卿和吴昕同学，听到呼救后疾步赶了过来。他们手拉着手下水去救人，就在快接触到王哲的手时，不习水性的王卿和吴昕脚下一滑，水立刻淹没了他们的头顶。他们漂得越来越远，似乎已经感到离死亡越来越近。包括赵信在内的8名男生见此情形，马上向大坝跑去。他们组成了两组人链，手拉着手到水库边营救落水的3名同学，这个时候，落水的同学已经距岸边有6~7米远，孙清等同学也已走到了没腰深的水里，就在这时，意外再次发生，其中一组人链意外滑倒，孙清由于离岸边较近，被同学拉上了岸，而其他的3名同学沉入水中后一下子就不见了踪影。就在这时，16岁的女生朱乐从山上跑过来，冲到大坝边上。她跳下水，游向8~9米远处正在挣扎的王哲。王哲就像抓住了救命草似的紧紧抓住了朱乐的手臂。

慌乱中同学们哭泣着向路人求救，几位会游泳的民工，二话没说就跳进水里，搜救落水少年，因为水特别浊，能见度也就1米多远，几个人一个劲地往前游一个劲地找。与此同时，同学们赶紧给120急救中心打电话。当几个孩子被捞上岸时，已经面容青紫，瞳孔散大，溺水很长时间了，落水学生随后被送往医院抢救，但由于溺水时间过长，最终抢救无效死亡。几个年轻的生命就这样消失了，他们在危急关头奋不顾身营救

21

同学的做法和精神让人震撼，但这次意外的发生却让人痛惜。

案例二：

陈某义正和四五个同村的伙伴在洗澡，忽然听到200多米外的一个窑坑有人呼救"小孩掉坑里了"。他急忙往出事的窑坑方向跑，跑到后，水面上已看不到溺水的男孩。他问岸上3个小孩子落水的人在哪，他们说沉下去了。听罢，他什么也没想，一头扎进水里。水很深，陈某义摸了七八秒钟没有摸到，就浮上水面。吸了一口新鲜空气后，他再次潜入水中，在坑底他摸到了溺水男孩的胳膊，就用力把男孩拽上了岸。此时，溺水男孩的脸上、身上青紫，鼻孔内有很多淤泥，肚子很大，已经没有了呼吸。

陈某义见状急忙召集同村的伙伴一起采取清理鼻孔、按压胸口等措施对男孩实施急救。他们用衣服垫住男孩的头，不断让男孩趴下、坐起来、平躺下，抢救了10分钟后，男孩开始有了呼吸。然后又赶紧拨打120，最后把溺水者送进了医院。

陈某义说，学校平时经常开展触电、溺水、失火等方面的急救演练，没想到这次用上了，还救活了一个生命。

> 两个案例同是溺水事件，结果却是天壤之别。其实，在我们的日常生活中，溺水事故时有发生，如果一旦遇到溺水者，救助者采取什么样的方法去救人很重要，合理正确的救人方式会让更多生命得救，不合理错误的救人方式可能会造成双重悲剧。所以学习防范溺水知识是非常必要的。

说一说

1.请你说一说学习防范溺水知识的重要性。

2.请你给大家讲一讲你所知道的关于溺水的救援知识。

第一章 认识溺水

2 如何增强防范溺水的意识

每年一到夏季，铺天盖地的溺水事件就会频频出现，以后甚至是在类似的地方、人群和情况，还会发生溺水事故。在我们追悔莫及之余，是否有思考过为什么这么多溺水的案例都无法带给我们警醒，为什么每年的溺水事故居高不下，为什么救援者常常与溺水者一同遇难，为什么救上岸以后还会抢救无效身亡？

说到底还是缺少防范溺水的意识，那么我们如何增强自己的防范溺水的意识呢？编者认为可以从以下几个方面来做：

★ 剖析各种溺水案例，以起到警示作用

每年都有很多溺水事故，我们看到的是一个个生命的陨落，一张张哭泣的脸庞，一个个家庭的支离破碎。溺水的危害是巨大的，我们可以想象一下如果发生溺水，在溺水打捞现场，谁的心是最痛的。

重要提示：人的生命有且只有一次，定要珍惜。

★ 增强防范溺水的风险意识，做到"八避免"，从而远离危险

危险一般指带给我们伤害或造成一定后果的事物；而风险是指发生危险的可能性，并不是危险本身。风险所带来的结果具有不确定性，是可控的，但如果我们没有风险意识，风险就可能会转变为危险。

学生脱离了学校和老师监管，炎热的天气让他们冒险涉水。河塘沟渠成了孩子们游泳、嬉戏的乐土，却浑然不觉其中隐藏着巨大风险，险情频现，从而引发危险，为此我们要做到"八个避免"。

八个避免

1. 避免去近几年有人挖(采)沙的河道游泳；
2. 避免去水库主干渠游泳；
3. 避免在危险地段推拉玩闹、清洗衣物、打捞物品等；

4. 避免雨中、雨后在河道、湖塘、井池边行走,避免雨中单独过桥(渠道、堤坝等);
5. 避免去不熟悉水域游泳;
6. 避免在恶劣气候条件下游泳,如正午暴晒期间、高温季节、天气多变时刻等;
7. 避免到深水区、冷水区游泳;
8. 避免到污染严重、水质差的水域游泳。

★ **增强自我保护的意识**

发现有人落水,不宜盲目下水营救,要确定自保的前提下,进行合理的施救,我们一定要避免盲目施救导致的群体溺水事故。

★ **学习科学的施救知识**

在生活中,很多溺水事故都是由于不正确或者不科学的施救方式造成的,比如救人未救起,自己也失去了生命,又或者救起溺水者之后,不会正确的急救措施,导致溺水者最终还是溺亡等等。所以学习科学的施救知识,可以在很大程度上减少溺水死亡的人数,从而挽救更多的生命。

溺水是非常危险的,在日常生活中要提高防范溺水的安全意识,安全第一,防患于未然。水无情,人有情。其实,只要我们在生活中注意各种游泳、戏水事项,提高安全防范意识,学会在遭遇溺水时如何自救和他人遭遇溺水时如何抢救,溺水事件还是可以预防的。

说一说

1. 请你说一说怎么增强防范溺水的风险意识。
2. 请你给大家分享一下关于生命宝贵的名言警句。

第二章 危险的水域

第一节 远离江河湖海

1 远离暗藏玄机的江河

什么是江河

江河是指由一定区域内地表水和地下水补给,经常或间歇地沿着狭长凹地流动的水流。

河流一般是在高山地方做源头,然后沿地势向下流,一直流入像湖泊或海洋般的终点。河流是地球上水文循环的重要路径,是泥沙、盐类和化学元素等进入湖泊、海洋的通道。著名的河流有长江、黄河、亚马孙河等。

受季候的影响,我国江河的水量的季节性特别强,夏季降水多,水量充沛,流量大

25

而且快；反之，冬季则处于枯水期，水量小，流速慢。

看似平静的江河，其实暗藏着许多你难以觉察的危险，比如暗藏的暗涌、急流、石头等危险因素，就算水性再好，游泳技能再好，也可能遇到危险。

案例警示

有三名十五六岁的女孩来到江边拍照留影。没过多久，就听见"咚"的一声，其中一名身着黑色衣服的女孩落水了。

黑衣女孩的一名同伴已经跳进江里，附近几位市民脱去外衣也准备下水。此时，救人的女孩奋力将黑衣女孩推到岸边，在大家的帮助下，黑衣女孩上岸了，众人转过头却发现，跳江救人的女孩没了踪影，水面一片寂静。

江河和泳池完全两码事

在江河中游泳可能遇到回水、漩涡、倒卷龙、暗龙、鼓水等复杂的水下情况，在下水游泳前需要仔细观察水情。

1.回水

回水就是水受到障碍物、反向流或潮流的影响而上溯或倒流。通常面积很大，游泳者需要提前察看。

不少初次下河游泳的人，都会遇见一种让他们难以理解的

第二章　危险的水域

状况,明明自己在浅河里玩,却总感觉脚下有股力量,将自己往河中"推"。

这种情况在江河中十分常见,就是我们上面提到的"回水"。这也是很多人在游泳池里能够劈波斩浪,而下了河却遇到危险甚至丢了性命的一大原因。

回水,常常存在于拐弯处的内弯和外弯。既然回水与主流向相反,那么越想游向江边,就越会被带入江中。回水很难用肉眼察觉,因为它的范围很大,所以我们在选择游泳水域的时候,一定要选择不易出现回水的区域。

2.倒卷龙

倒卷龙,也叫白浪,暗流撞击礁石后,形成了反向的暗流,会将人向下拉。

如果在水面上出现了白浪花,说明水下暗流撞击礁石后,形成了反向的暗流。白浪的危险性也很大,它和把人往上推的一般水浪完全相反。如果游泳游到了这里,就会被一股力量按进水里,难以游上来。

虽然上面说的几种情况不易被察觉,但大多数的水况还是可以通过肉眼发现的。例如漩涡、水浪,都是可以发现的,只要出现了这些水况,那么就说明这里的水下情况多变,决不能下水游泳。

江河游泳注意事项

1. 规范的游泳技术是基础。绝大多数人由于缺乏规范系统的训练,难以获得快速、高效、协调、省力的游泳效果。

2. 克服江河游泳的恐惧心理。恐惧是因为缺乏自信心,缺乏自持力,缺乏对自然水域的科学认识。

3. 正确认识自身的游泳能力和水平,正确认识自然水域的游泳环境,要善于判断危险。

4. 正确判断流速,规避障碍物。急流的形态非常复杂,仔细观察水的流速流向及前方的障碍物,正确计算漂游路线。在通航的水域游泳,最大的威胁就是上下的行船。

5. 江河游泳要随时随刻察看四周是否有危险,有些江河库区水域几乎是静水,水本身没有危险,危险的是快艇、飞艇,速度极快。这是游泳的最大威胁。不要一味埋头自由泳,不看方向,不看危险。

6. 最好避免在船多的港口码头游泳。

7. 下水船来了,不要占据主流,要及时尽可能早地躲避。

8. 急流游泳要始终遵循"随波逐流"的原则,这一点非常重要!这是江河游泳最高要领。逆水抗争无异于自杀。

9. 江河游泳最好携带醒目标志,如颜色鲜艳的防水袋,安全救生设施等。这对行船,特别是快艇、飞艇等有很好的提示作用。

江河水情复杂多变,很多情况是我们无法预料到的,所以我们在江河游玩时,要多看、多想、多观察,这样才能保护我们宝贵的生命。

说一说

1. 请你说一说江河水情有哪些复杂情况。
2. 请你说一说回水湾危险吗?

第二章　危险的水域

2 远离复杂多变的湖泊

什么是湖泊

湖泊,陆地表面洼地积水形成的比较宽广的水域,是指终年蓄积了水,又不直接与海洋相连的天然洼地,湖泊是湖盆加湖水的总称,故其首先要有湖盆,如果淤平、不能蓄水了就不称其为湖泊了。

湖泊在陆地上的重要作用在于调节河川径流和气候,作为宝贵的自然资源,湖泊也是人类和其他生物生活和生产的重要水源,由于湖泊在大陆上受到地理因素的影响较大,同时随着人类活动影响的不断加剧,湖泊的样式、大小、深浅均处在不断的运动变化之中,湖底由凹凸变平坦,湖岸由弯曲变平直。

湖泊的类型(成因)

◎**构造湖**:在地壳内力作用下形成的构造盆地上经储水而形成的湖泊。其特点是湖形狭长、水深而清澈,如云南高原上的滇池、洱海和抚仙湖,青海湖、新疆喀纳斯湖等。构造湖一般具有十分鲜明的形态特征,即湖岸陡峭且沿构造线发育,湖水一般都很深。同时,还经常出现一串依构造线排列的构造湖群。

29

◎ **火山口湖**：由火山喷火口休眠以后积水而成，其形状是圆形或椭圆形，湖岸陡峭，湖水深不可测，如白头山天池深达373米，为我国第一深水湖泊。

◎ **堰塞湖**：由火山喷出的岩浆、地震引起的山崩和冰川与泥石流引起的滑坡体等壅塞河床，截断水流出口，其上部河段积水成湖，如五大连池、镜泊湖等。

第二章　危险的水域

◎ **岩溶湖**：由碳酸盐类地层经流水的长期溶蚀而形成岩溶洼地、岩溶漏斗或落水洞等被堵塞，经汇水而形成的湖泊，如贵州省威宁县的草海。威宁城郊建有观海楼，登楼眺望，只见湖中碧波万顷，秀色迷人；湖心岛上翠阁玲珑，花木扶疏，有水上公园之称。

◎ **冰川湖**：由冰川挖蚀形成的坑洼和冰碛物堵塞冰川槽谷积水而成的湖泊。如新疆阜康天池，又称瑶池，相传是王母娘娘沐浴的地方。北美五大湖、芬兰、瑞典的许多湖泊等。

◎ **风成湖**：沙漠中低于潜水面的丘间洼地，经其四周沙丘渗流汇集而成的湖泊，如敦煌附近的月牙湖，四周被沙山环绕，水面酷似一弯新月，湖水清澈如翡翠。

◎ **河成湖**：由于河流摆动和改道而形成的湖泊。它又可分为三类：一是由于河流摆动，其天然堤堵塞支流而潴水成湖。如鄱阳湖、洞庭湖、江汉湖群(云梦泽一带)、太湖等。二是由于河流本身被外来泥沙壅塞，水流宣泄不畅，潴水成湖。如苏鲁边境的南四湖等。三是河流裁弯取直后废弃的河段形成牛轭湖。如内蒙古的乌梁素海。

◎ **海成湖**：由于泥沙沉积使得部分海湾与海洋分割而成，通常称作潟湖，如里海、杭州西湖、宁波的东钱湖。约在数千年以前，西湖还是一片浅海海湾，以后由于海潮和钱塘江挟带的泥沙不断在湾口附近沉积，使湾内海水与海洋完全分离，海水经逐渐淡化才形成西湖。

◎ **潟湖**：一种因为海湾被沙洲所封闭而演变成的湖泊，所以一般都在海边。这些湖本来都是海湾，后来在海湾的出海口处由于泥沙沉积，使出海口形成了沙洲，继而将海湾与海洋分隔，因而成为湖泊。

我国湖泊有什么特点

地形复杂多样

据统计，全国天然湖泊面积在1平方千米以上的有2800多个，总面积达80000平方千米，约占国土总面积的0.8%左右。

我国湖泊的地域分布具有范围广泛而又相对集中的特点。湖泊分布的地区是东部平原和青藏高原。此外，在云贵高原、蒙新地区与东北地区也有不少的湖泊分布。根据湖泊的成因与水文特点，基本上可以分为东部平原、东北平原、云贵高原、蒙新及青藏高原等五个湖区。

可见，我国湖泊分布的地形复杂多样。

地质各有不同

由于我国各地区地质不同，其地区的湖泊岸边的地质也会有很大

第二章　危险的水域

的不同,如有的湖泊岸边是悬崖峭壁,有的湖泊岸边是黄沙泥土,有的则是坚硬的岩石。

水温变化明显

湖泊分为上层、中层和下层。太阳辐射主要是增高湖水表层的温度,即湖泊上层的温度,而下层湖水的温度变化主要是湖水对流和紊动混合造成的。上、下水层之间温度变化急剧的中间层称为温跃层,该层湖水温度变化急剧。

浙江千岛湖

千岛湖正常湖区高水位 108 米,湖水水位落差很大,最深处达 117 米,平均深度 34 米。可见,当湖面平静时,湖底的深度却是不平静的。

千岛湖从水面到以下 10 米处,水温在 10℃~30℃之间来回变动,为变温层,10~25 米之间为温跃层,水温随深度发生变化,以 7~8 月变化最显著,大约从 26℃降到 10℃,水深每降 1 米,水温下降 1℃,1 月水温变化不显著,从水面到 25 米都为 10℃,从水深 25 米至湖底为滞温层,水温常年保持稳定,其中上半年滞温层为 25 米以下,下半年 35 米以下,水温常年保持在 10℃左右。

33

湖底深不可测

由于湖底深不可测，湖底可能有尖锐物体，也可能有我们肉眼无法看到的漩涡。

案例警示

河南理工大学一名学生在人工湖中采莲子，不慎坠入湖中并大声呼救。另一名学生听到求救声后立即跳入湖中进行施救，由于湖水过深，且溺水时间过长，导致两人均溺水身亡。

说一说

1. 请你说一说我国湖泊有哪些特点。
2. 请你说一说湖泊水温有什么变化。

3 远离变幻莫测的大海

什么是大海

夏天到了，不少人都喜欢去海边玩，大家都知道大海的宽与广，那你对大海有没有更深度地了解呢？

大海即海洋，其实海与洋还是有些差别的。海和洋的区分：广阔的海洋，从蔚蓝到碧绿，美丽而又壮观。

海，在洋的边缘，是大洋的附属部分。海的面积约占海洋的11%，

第二章　危险的水域

海的水深比较浅,平均深度从几米到三千米。海临近大陆,受大陆、河流、气候和季节的影响,海水的温度、盐度、颜色和透明度,都受陆地影响,有明显的变化。

洋,是海洋的中心部分,是海洋的主体。世界大洋的总面积,约占海洋面积的89%。大洋的水深,一般在3000米以上,最深处可达1万多米。大洋离陆地遥远,不受陆地的影响。它的水分和盐度的变化不大,每个大洋都有自己独特的洋流和潮汐系统。大洋的水色蔚蓝,透明度很大,水中的杂质很少。

大海危险吗

在初步了解了大海之后,你知道大海有哪些潜在的危险吗?

潮汐

海水有涨潮和落潮现象。涨潮时,海水上涨,波浪滚滚,景色十分壮观;退潮时,海水悄然退去,露出一片海滩。涨潮和落潮一般一天有两次。海水的涨落发生在白天叫潮,发生在夜间叫汐。

潮水一般一天之内都有两次。一日之内,地球上除南北两极及个别地区外,各处的潮汐均有两次涨落,每次周期 12 小时 25 分,一日两次,共 24 小时 50 分,所以潮汐涨落的时间每天都要推后 50 分钟。

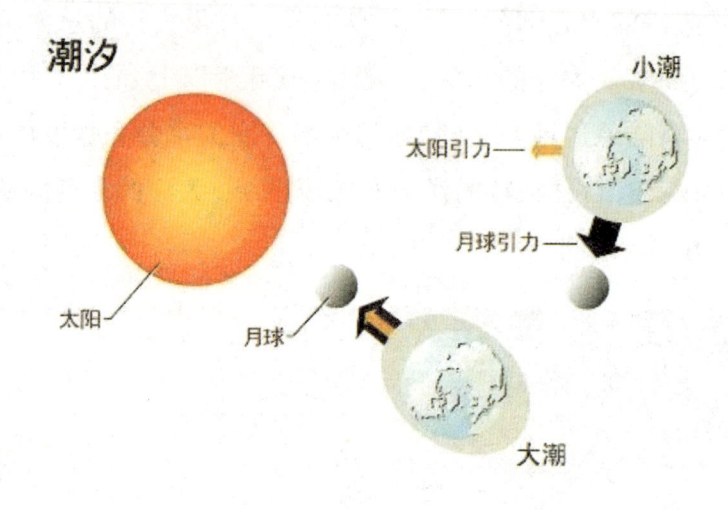

温馨提示

在海边游玩,应查询天气预报,避免恶劣和大风天气,不要盲目下水。游泳时要注意潮汐,尽量不要在涨、退潮时游泳,以免潮水涨落时体力消耗过大。还有,不要在非游泳区游泳,那里水情复杂,常常有暗礁、大浪、水草、淤泥和漩涡等等,稍有大意,就可能发生意外。

离岸流

什么是离岸流

离岸流,是一股射束似的狭窄而强劲的水流,它以垂直或接近垂直于海岸的方向向外海流去。其宽度一般不超过 10 米,长度一般在 30~50 米之间,有的长达 700~800 米。这束水流虽然不长,但速度很

第二章 危险的水域

快,流速可高达每秒 2 米以上,每股的持续时间为两三分钟甚至更长。离岸流又被称为回卷流。

离岸流由什么构成

◎裂流根,是离岸流的源头,也就是水源汇聚区。裂流根里的水来自一侧或两侧的沿岸流,沿岸流中的水则来自涌向海岸的波浪。向岸

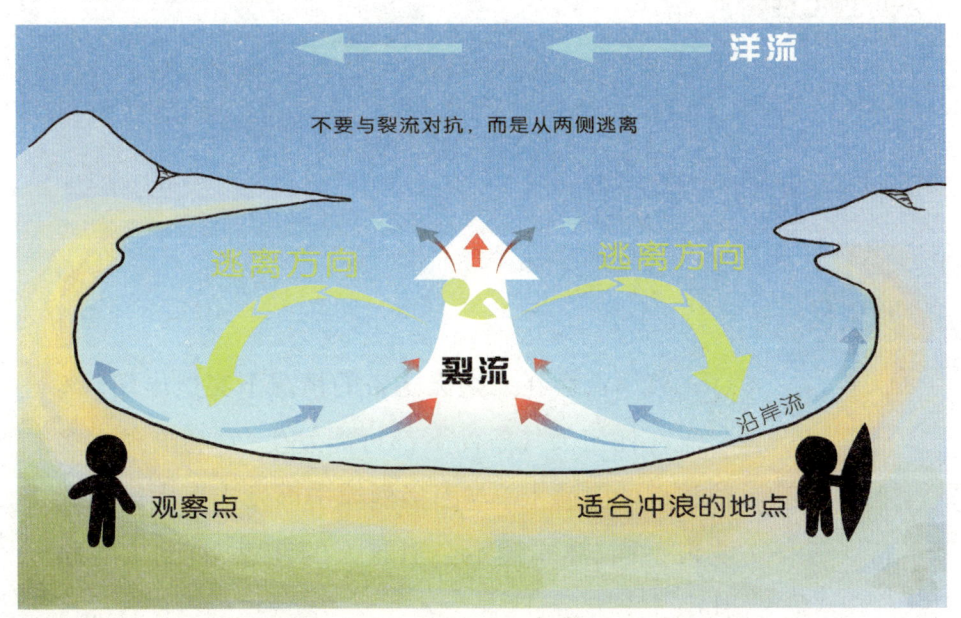

的波浪、沿岸流和离岸流共同构成了近岸流系中海水的输移和循环。

◎流颈,是离岸流的通道,水流急速而狭窄。流颈为离岸流宽度的最窄处,宽约10多米至30米不等,流速最大。

◎流头,也就是离岸流向深海扩散的区域,呈扇形,可达100多米,并有显著的涡动。由于涡动影响,流头边缘必然出现泡沫带和海水浑浊现象,非常容易观察。

离岸流有什么特征呢

隐蔽性强

离岸流往往暗藏在波光旖旎的海面下,隐蔽性极强,往往成为海滨浴场的最大危险。

不可预见性

离岸流的强度和状态因波浪、潮汐、天文、风力风向等多种因素而改变,所以不可预见。

突发性

离岸流会在人毫无防备的情况下突然出现。离岸流在任何天气条件下都可能发生,它会出现在多种类型的海滩上。与因猛烈撞击而发出巨大声响的波浪不同,离岸流不会引起人的注意,直到人身陷其中才会发觉。

第二章　危险的水域

据统计

澳大利亚是世界上离岸流最多的国家之一。悉尼和墨尔本等地的多处海滨浴场都有沙洲-海沟地貌，因此多有离岸流导致的溺水事件发生。

在美国，每年约有150起死亡事件是由离岸流引起的。在佛罗里达州，每年死于离岸流的人数超过了因雷暴、飓风和龙卷风而死的人数总和。大约有80%的海滩援救事件与离岸流有关。

中国的青岛第一海水浴场、厦门椰风寨海滨浴场也是离岸流的高发地。

怎么避开和逃离离岸流

★ 一般海水浴场都会用浮标把可以游泳的区域圈起来，除了这片海域之外，就是禁泳区了。禁泳区的海底情况都很复杂，很可能有深沟、暗流或者暗礁等等，暗礁可能会割伤腿脚等，而一旦陷入暗流，就会被强大的水柱抽走，即使会游泳，也非常危险。

★ 在下水之前，首先看清海水浴场的警示牌，警戒旗帜，学会读懂警戒旗语。蓝色旗子，代表此海域可以放心游玩；橙色或者黄色，代表当天的海况不太适合下水游玩；红色，代表此片海域禁止下水游玩。

39

★ 亲自观察一下，海滨浴场的地形地貌、沙洲和缺口，因为缺口处是离岸流的多发区。

★ 看海里有无狭窄而浑浊的条状水流，并避开该水流。

★ 阴历初一或十五前后天文大潮期间，台风来临、风大浪高之时，最好不要下水游泳。

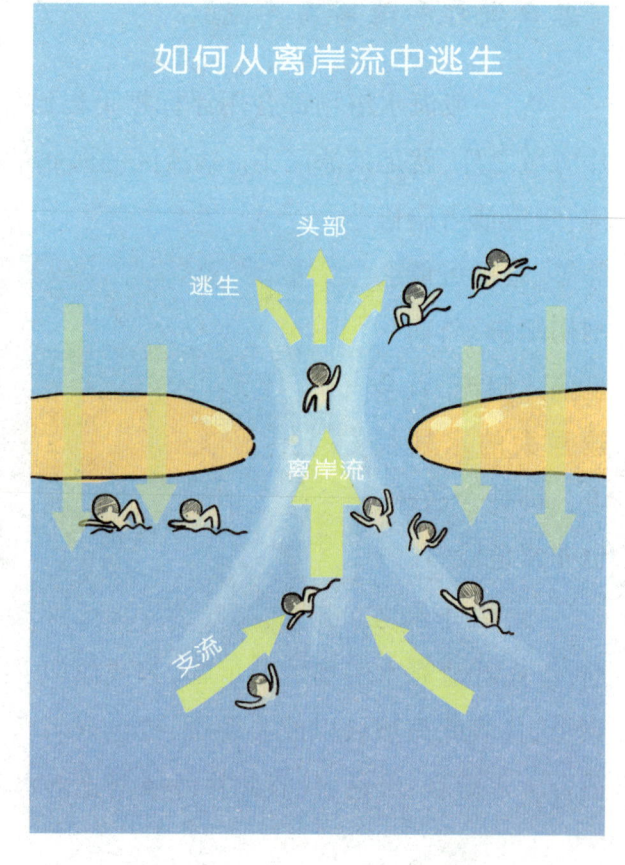

★ 如果不慎被卷入离岸流中，或者感觉到小腿部有含泥沙的水流冲击，务必保持冷静节省体力，努力沿着平行于海岸的方向朝一侧游出。试图逆流而上想靠岸，只能越陷越深。如若无法从一侧游出，可以漂浮在水面上，随波逐流。直到流势明显减缓后，再向一侧努力游出，但一定要留足力气，大声呼救。

第二章　危险的水域

> **说一说**
>
> 1.请你说一说什么是离岸流。
> 2.请你说一说怎么避开和逃离离岸流。

第二节　警惕水库池塘

1 警惕水情不明的水库

什么是水库

水库是指人造的湖泊,而规模较小的则称为水塘、塘坝和蓄水池。一般的形成方法是在河流的中上流建造堤坝,河水把河谷淹没后便形成水库。

水坝一般都建于狭窄的谷地,因为两岸的山坡可以作为水库的天然围墙,而水坝的长度也可大大缩短水库,水库建成后,可以起到防洪、蓄水灌溉、供水、发电、养鱼等作用。

水库有什么特点

大小不一

水库面积小的近百亩,大的上千亩,甚至几万亩的水库都有。

上游浅下游深

人工修建的中大型水库,它和鱼塘、天然湖泊、河流有截然不同的差别。一般的水库都是借助山与山之间峡谷和原有河道而建,由于河道上游高、下游低,河道的自然落差,也就自然形成了水库上游浅下游深的特点。

风浪大

大水库就像一个湖,湖面无风也起浪,有风浪更高,特别是有些顺风势的水库,两边都是山,风只能从水库这个狭口上过,更比一般水库风大。

地形复杂

水库多依山而筑,山缘弯弯曲曲,水下高高低低,既有沟,又有坎,还有许多石头,各种各样的废弃物很多,山边上多树木、荆棘、杂草,高坡、陡坳、石矶都可能存在。

水位变化大

每当雨季来临,会给水库补充大量的水资源,水库的水位的高低也是随之而变化。

第二章 危险的水域

水底情况不明

多数水库修建于20世纪50年代或60年代,既依山,也傍水,有些甚至是拦河而建。水库建成后,河里的鱼就蓄积在里面,保存并繁衍下来,所以水库之中有许多潜在的危险,如血吸虫、水蛭等。

案例警示

天气非常炎热,17岁的黄某宜从山上扫完墓下来后,手很脏,她便和15岁的妹妹黄某容一起结伴走到水库旁边洗手纳凉,岸边很湿滑,黄某宜不慎滑落到水库里,黄某容见姐姐落水之后,不识水性的黄某容一边呼救一边伸手去拉落水的姐姐,随后黄某容也掉入水中。

这时在不远处扫墓的小叔黄某雄和其他亲戚见此情形,立即冲向水库边去施救。当黄某雄跳入水中之后,因不熟悉水库的水下情况,以及水库里的水很冰冷,在呛了几口水之后,感觉救人无望,也因自己体力不支,黄某雄慢慢地爬回了岸边,并劝其他不熟悉水性的亲戚不要下水救人。但是救人心切的家人不听劝阻,先后下水,黄某宜的两位叔叔黄某弟和黄某喜,在黄某雄救不到人的情况下,跳下水库,由于不识水性,很快没了踪影。

见此情况,黄某宜的父亲黄某清、黄某宜的弟弟和母亲三人也相继跳入水中,但是全部溺水。

最后导致除了黄某雄之外的七人全部溺水身亡。

案例分析

亲情的因素会让人着急,这种情况可以理解,但是一个人掉下去之后,另外一个人下去施救,第一个人在那种情况下,见到什么东西都会死死抱住不放,所以我们要从后面接触落水者,否则下去一个抱一个,情况会变得越来越复杂,施救难度越来越大。并且在跳下水去救人之前,要充分了解水上、水下和水流的情况。

水流有多快?

水深多深?

从哪里下水?

岸上有没有东西能利用?

这些都要考虑。

说一说

1. 请你说一说水库有什么特点。
2. 请你说一说在水库边游玩有什么危险。

2 警惕淤泥堆积的池塘

什么是池塘

池塘是指比湖泊细小的水体。通常池塘都是没有地面的入水口的。它们都是依靠天然的地下水源和雨水或以人工的方法引水进池。因为如此,池塘这个封闭的生态

第二章 危险的水域

系统都跟湖泊有所不同。池水在很多时候都是绿色的,因为里面有很多藻类。

案例警示

贵州水城县老鹰山镇中坡村,一名17岁少年与家人发生争执后,赌气来到附近的一家池塘游泳,结果不幸溺亡。

事发后不久,3名水性较好的消防战士乘坐皮划艇顺着溺水者岸边放衣服的位置下水搜索。但由于打捞工具过短,加之鱼塘底部淤泥太深,反复搜索后还是一无所获。

为了尽快找到溺水者,消防指挥员请当地政府调来一台挖掘机,把池塘挖开一个缺口进行排水。可直到池塘内的水几乎见底了,还是没有发现溺水者。就在这时,一名池塘工作人员闻讯赶来,便将池塘底部的情况做了介绍。原来池塘底部还隐藏着一个大小约30平方米的深坑,坑内全是淤泥,溺水者可能就在那个坑里。

紧接着,两名消防官兵拴好安全绳索深入池塘内进行搜索,经过几个小时的搜索,终于发现了溺水者的遗体。

平静的池塘表面,看起来安全无事,其实在其底部蕴藏着你所不知道的危险,远离危险水域,对自己的生命负责。

池塘有什么特点

◎梅雨期间,池塘水质一般都很浑浊,特别是在大雨过后,透明度很低,泥沙等污物含量较多。如果是蓄水池塘,情况更突出,透明度不足10厘米。

◎池底淤泥由于长时期的缺氧,进行无氧发酵,产生了大量的有害、有毒的物质,如甲烷、硫化氢、氨氮等,用脚踩一下池底,便有大量的气体冒出来。

◎塘基湿滑,玩耍时容易掉到水里,并且难以爬上岸,以致被淹没在水中或者被水冲走。鱼塘的底部,泥土松软,人容易陷入泥沙中不能动弹,甚至越陷越深,无法自拔逃脱以致溺水。

◎池塘有水下植物,一旦被这些植物缠绕,就会由于无法脱身而被困在水中,以致出现溺水。

◎池塘水下可能有玻璃片等尖锐物体,不注意可能被划伤,还有可能出现因划伤割痛而惊慌、紧张以致被淹在水中。

◎池塘的水比较脏,塘中的水看似清凉,其实其中有大量的细菌,对人的身体不好。

说一说

1. 请你说一说什么是池塘。
2. 请你给大家介绍一下你家附近池塘有什么特点。

第二章 危险的水域

第三节 逃离暴雨山洪

1 逃离突如其来的暴雨

什么是暴雨

暴雨是降水强度很大的雨。一般指每小时降雨量16毫米以上,或连续12小时降雨量30毫米以上,或连续24小时降雨量50毫米以上的降水。

我国气象上规定,24小时降水量为50毫米或以上的雨称为"暴雨"。按其降水强度大小又分为三个等级,即24小时降水量为50~99.9毫米称"暴雨";100~200毫米以下为"大暴雨";200毫米以上称"特大暴雨"。

想象空间

如果50毫米降雨均匀分布在24小时,给人的感觉是细雨纷飞。如果10毫米降水在1分钟完成,给人的感觉将是天塌地陷,非暴雨倾盆所能形容,但是从降雨标准来看,10毫米只能算小雨。

暴雨预警信号分级

暴雨蓝色预警信号:12小时内降雨量将达50毫米以上,或者已达50毫米以上且降雨可能持续。

暴雨黄色预警信号：6小时内降雨量将达50毫米以上，或者已达50毫米以上且降雨可能持续。

暴雨橙色预警信号：3小时内降雨量将达50毫米以上，或者已达50毫米以上且降雨可能持续。

暴雨红色预警信号：3小时内降雨量将达100毫米以上，或者已达100毫米以上且降雨可能持续。

案例警示

宁夏海原县老虎村柳树湾一带突然暴雨，冰雹如注，强降雨过程历时20分钟，致使山洪暴发。当时，李春文一家6口正在柳树湾一带收麦子，为在沟边山洞躲避暴雨、冰雹，不幸被卷入山洪中。生死关头，李春文奋力将9岁儿子李小明抛出水面，使其幸免于难。与李春文一家5口一起溺水身亡的，还有同村7岁男孩马克里木。

暴雨是一种灾害性天气，往往造成山洪、泥石流和严重的水土流失，导致工程失事、堤防溃决和农作物被淹等重大的经济损失。特别是对于一些地势低洼、地形闭塞的地区，雨水不能迅速宣泄将会发生更多的灾害。

第二章 危险的水域

> **说一说**
> 1. 请你说一说暴雨有什么特点。
> 2. 请你说一说突发暴雨,我们应该怎么办。

② 逃离来势凶猛的山洪

什么是山洪

山洪是指山区溪沟中发生的暴涨洪水。山洪具有突发性,水量集中流速大、冲刷破坏力强,水流中挟带泥沙甚至石块等,常造成局部性洪灾,一般分为暴雨山洪、融雪山洪、冰川山洪等。

山洪有什么特点

★ **季节性**

汛期4—9月,特别是主汛期6—8月,是山洪灾害多发期。在同一流域,甚至同一年内有可能发生多次山洪灾害,所以具有季节性强、频率高的特征。

★ **突发性**

山丘区小流域因流域面积和沟道调蓄能力小,沟道坡降大,流程短,洪水持续时间较短,但水位涨幅大、洪峰流量高。降雨产流迅速,一般只有数小时,激发山洪的暴雨具有突发性,导致山洪灾害的突发性,

49

山洪暴发历时很短,成灾非常迅速。

★ 群发性

溪流源头或沟谷两侧具有较高的临空面,经常出现崩塌。复杂的地质结构、大量地表松散固体物质是加剧泥石流灾害的重要因素。在暴雨中心范围内,前期崩塌形成的松散堆积物,在暴雨作用下各支沟同时形成泥石流。

★ 易发性

由于山区经济发展相对落后,预警预报设施不完善,不能及时采取有效措施减少洪灾损失。加之对山洪灾害的规律性研究不够,没有定量判别标准,以往的山洪灾害防御预案操作性不强,山洪灾害预见性差,防御难度较大。

出现山洪的征兆

1.早晨天气闷热,甚至感到呼吸困难,一般午后往往有强降雨发生。

2.早晨见到远处有宝塔状墨云隆起,一般午后会有强雷雨发生。

3.多日天气晴朗无云,天气特别炎热,忽见山岭迎风坡上隆起小云团,一般午夜或凌晨会有强雷雨发生。

4.炎热的夜晚,听到不远处有沉闷的雷声忽东忽西,一般是暴雨即将来临的征兆。

5.看到天边有漏斗状云或龙尾巴云时,表明天气极不稳定,随时

第二章　危险的水域

都有雷雨大风来临的可能。

住宅被淹,怎么办

1. 安排家人向屋顶转移,不要惊慌失措。
2. 想方设法发出呼救信号,尽快与外界取得联系,以便得到及时的救援。
3. 利用竹木等漂浮物将家人护送至附近的高大建筑物上或较安全的地方。

山洪到来转移不及时怎么办

1. 山洪到来时,来不及转移的人员,要就近迅速向高地、楼房顶、避洪台等地转移,或者立即跑上屋顶、楼房高层、大树、高墙等地暂避。
2. 如山洪继续上涨,暂避的地方难以自保,要充分利用现有的器材逃生,迅速找一些门板、木床、大块泡沫等能漂浮的材料扎成筏逃生。
3. 如果已被洪水包围,要设法尽快与当地

51

政府、公安干警、防汛指挥部门取得联系,报告自己的方位和险情,积极寻求救援。

注意:千万不要游泳逃生,不要攀爬带电的电线杆、铁塔,也不要爬到土坯房的屋顶。

4.如已卷入洪水中,一定要尽可能抓住固定的或能漂浮的东西,寻求机会逃生。

5.发现高压线铁塔倾斜或者电线断头下垂时,一定要迅速远避,防止触电。

6.千万不要沿着河谷跑,向河谷两岸高处跑。

案例警示

案例一:

长沙城区暴雨,部分路面积水导致正在马路上行走的老郭看不清,失足掉进敞开的下水道口。而庆幸的是,老郭在下水道里潜水百米,找到了出口,他从另一个下水道口爬了上来。对这次遭遇,他强调"落水时千万不要紧张"。

案例二:

广西玉林市突降暴雨,道路积水严重,低洼路段水深达1—2米。下班回家的王师傅经过此路段,看到有溺水者在挣扎求救,但是因为其不会游泳,所以未下水,赶紧拨打119报警。一个小时后,搜救组找到了溺水者,但是溺水者已经没有呼吸。

第二章　危险的水域

说一说

1.请你说一说山洪来了怎么办。

2.请你说几句关于能预示山洪即将到来的谚语。

第四节　小心沟渠坑井

1　小心杂乱的沟渠

沟渠的特点

沟渠，指为灌溉或排水而挖的水道的统称。在我国农村地区沟渠随处可见，但是很多人未意识到沟渠的可怕，经常在沟渠中或沟渠旁边玩耍，以致发生了很多不幸的溺水事故。

如果我们正确认识了沟渠的特点，对于我们防范沟渠溺水会有很重要的意义。

1.沟渠深浅不一。在农村地区，很多沟渠是用来灌溉的，会根据灌溉的需要来

53

挖,所以深浅不一。

2.沟渠水量变化大。夏季雨水多,沟渠的水量就会大涨,冬季雨水较少,沟渠的水量就会相对少很多。农忙时节,很多沟渠也会水量大增,所以千万要小心。

3.沟渠淤泥堆积。很多沟渠都是在农田附近,长时间的雨水冲刷,很多泥沙都会流进沟渠,导致淤泥堆积。

4.沟渠周边环境复杂。沟渠周边环境复杂,可能是杂物堆积,可能是松软的泥土,存在很多不安全的因素。

案例警示

河北沧州市吴桥县某中心学校一年级的三名小学生,午饭后在校外的沟渠边玩耍,由于脚下湿滑,三名小学生都掉进沟渠,溺水而亡。

海南省临高县临城镇文北村至西田村路上,因路面积水看不清道路,某校五年级的李铭和张鑫两人在行走过程中,误入路沟溺水,由于两人都不识水性,都溺亡了。

广东省封开县有一位初中生边骑车边听音乐,由于没有注意到前方的灌溉沟渠,人和车一起掉入沟渠中,不幸溺水身亡。

> 此类掉入沟渠,不幸溺水而亡的案例很多很多,大多是发生在乡村或者更为相对偏远的地区,尤其是一些留守儿童,由于父母在外打工,在玩水时,缺少父母的监管,更容易出现溺水事故,从而引发家庭悲剧。

第二章　危险的水域

2 "坑人"的水坑

随着经济不断发展,我国无论是农村还是城市,尤其是城市,到处都是建筑工地,到处有可能有坑,特别是遇上雨季,很多坑便会变成会"坑人"的坑了。

案例警示

惠阳淡水古屋,财经外贸职业技术学校的旧址工地上,因近日降水不断,被挖过的地基形成了一个很深的积洼,附近街坊说,最深处可达3米,4名男童在工地水坑玩耍,结果8岁的廖某和14岁的颜某溺水,另外两名男童慌忙找大人去求救,不幸的是两名男童被打捞上来时,都已经停止了呼吸。

当你以为它只是一个浅浅的小水坑,其实它是一个可以吞噬你的生命的无底洞。为了我们有且仅有一次的生命,我们一定要远离这些无法用肉眼直接看出来深度的工地水坑。

工地水坑的特点

1.工地为施工现场,杂物较多,如混凝土、钢筋、工具等等容易绊倒跌入水坑。

2.雨水季节,工地水坑水位深不可测。

3.工地水坑水质差,并且其没有排水和净化水的功能,水是不流动的,如果在其中游泳,对身体有害。

4.工地水坑附近无游泳保护措施,如发生溺水,救援人员无法及时到达。

说一说

1.请你说一说工地水坑的危险性在哪里。

2.请你给大家讲一讲发生在你身边的工地水坑溺亡的案例。

第二章　危险的水域

3　变成"陷阱"的井

窨　井

窨井是用在排水管道的转弯、分支、跌落等处,以便于检查、疏通用的井,学名叫检查井。同理,埋设在地下的电讯电缆检查井、电力电缆检查井,也叫窨井。

案例警示

案例一:

上海青浦区白鹤镇金桥路上演了一幕惨剧,一对年仅 5 岁和 4 岁的姐妹不慎跌落进 7~8 米深的窨井内,溺水身亡。在事故现场有多个窨井没有盖子,存在极大的安全隐患。

案例二:

暴雨夜,长沙涂家冲赤黄路一片汪洋,21 岁的女孩杨丽君不慎落入下水道,随即被急流

57

卷走,事发后长沙各部门进行全城搜救,但搜寻未果,直至两个月后在湘江湘阴段找到她的尸体。

案例三:

类似的悲剧在杭州也曾发生过,登云路与杭印路交会处附近的一条水沟边的绿化带上,12岁的男孩小徐不小心跌入无盖的下水井,等人们发现时,为时已晚。

预防掉进窨井

如果窨井盖都老老实实地躺在它们自己应该在的位置上,那这就是为人民造福的,可是如果这些窨井盖如遭偷盗、被损毁、被移动,就成了一个个"陷阱",并且是吃人伤人的"陷阱"。

雨水井盖被盗后是最危险的,因为它的窨井管道深,水流急,还容易产生废气,万一跌下去后果不堪设想,也被称之为"最危险窨井"。

为了防止掉进窨井,我们可以采取以下方法:

1.棍子探路法。对于坑来讲,一般都能用棍子探试出来。暴雨来时,可以找长树枝等棍棒拿在手里。行走的过程中,尽量把手张开,以自己的腰身为中心,把棍子探出去,碰到地面,有触碰感的为安全,如果感觉软绵绵的,木棍往下掉,则不安全,换道而行。

第二章　危险的水域

2.**观察水面法**。一般回家的路会是平路、柏油路。因此,雨水都会往下水道里流,路边的下水道,一般都靠近路。大家仔细观察后会发现,下水道那里的雨水会相对急而且有涡状回旋。如果平路上,突然出现类似于下水道的水面的话,那证明前面有"无底坑",就要十分小心啦。

3.**光线判断法**。如果是晚上的话,那更要小心了,暴雨过后,路上有积水,这个时候,如果晚上月亮出现的话,那迎着月光走,如果路上有发亮处的话,那则为水坑,一定要避开。如果背着月亮走的话,那如果路上有暗的话,则为水坑,一定要避开。

4.**多人拉手法**。不能前后走,否则会同时掉进去两个人,所以在暴雨回家的时候,大家可以手拉手,几个人排成一排或者是一行,然后一起走。彼此抓紧了,当有人掉下去的时候,身边的人会有感觉,然后大家齐心把其拉上来。

5.**扶护栏行走**。下暴雨的时候,一般公路上不会有太多的车辆行驶,这个时候,如果你害怕掉到坑里的话,也可以选择扶着路边的护栏走。要紧紧地靠近护栏,让身体的重心都放在护栏上,这样,即使有坑,也会因手部的力量和护栏的作用而掉不下去。

6.**仔细观察法**。一般如果有人发现暴雨里有坑的话,会有好心人做出一些标识,提醒后面的人注意。所以,观察一下,有没有特殊的标志在路面上,例如路边的树上,或者是墙面上,有没有特殊的提示语,如果发现有,就避开。

59

掉进窨井,怎么办

1.站直身体:将头抬高、用手帕捂住口鼻、减少硫化氢的吸入。

2.找到光源:用手机自带的电筒、手机液晶屏或打火机照明。

3."上游"移动:"下游"因污物存放时间长,致命的硫化氢浓度高,尽快浮到水面上寻求被救援的机会。

深 井

案例警示

郑州航空港区郑港 10 路与航空港 7 街交叉口西北角,一名两岁女童和奶奶饭后游玩时,不慎坠入一口 20 多米深的井中。救援历经近 12 小时,女童终于救出来了。

内蒙古通辽一名 4 岁男童跟随干活的奶奶到地里玩耍,坠入一口废弃机井内,抢救无效死亡。

掉入井中,怎么办

1.双脚蹬在井壁,双手扣在井壁缝隙,使身体不再往下沉。然后高声呼救,引起过往行人的注意。

2.察看周围环境,利用一切可利用的资

第二章　危险的水域

源自救,如果落入部位较深,可腾出一只手将随身物品抛到地面引起路人重视。

3.如上述办法都不奏效,井口窄,井深,人的大脑缺氧,要保持冷静,保存体力,等待获救机会。

4.在上面的人除了呼叫其他人来帮忙外,要找来足够长的绳子,一头扔向井里的人,让他抓住。

5.井底容易缺氧,下井救人之前,要用鼓风机向井内吹风,救人者下井最好在身上系好绳子,做好安全措施。

说一说

1.请你说一说掉进窨井,怎么办。

2.请你说一说如何避免掉进深井。

第五节　其他危险水域

前面我们已经了解了江河湖海、水库鱼塘等水域的危险,那还有什么水域也是危险的呢?比如我们经常见到的深潭、深井、窨井、沼泽等,也是十分危险的,如果一不小心落入其中,就可能小命不保。

1 深潭

深潭,也就是深水池,也指河流中水极深而有回流处。

案例警示

大学刚毕业的小王和他的小姨去景区观赏瀑布,小王为了寻找更好的拍照位置,就冒险站在距离瀑布更近的位置,可能是石阶上有苔藓很湿滑,就直接摔倒了,跟在一旁的小姨赶紧伸手去拉,由于身体不平衡,加上脚上一滑,同样也摔倒在石阶上,而旁边不到两米的地方就是落差十多米的瀑布,下方就是一处积水深潭。他们俩顿时就像坐溜溜板一样,顺着水流往下走,最后掉入深潭中,溺水而亡。

温馨提示:瀑布等地湿滑,小心脚下。

第二章　危险的水域

大开眼界

死亡深潭

位于美国得克萨斯州的"死亡深潭",这处幽潭深不见底。水潭周围长满了绿苔。有种会将人吞噬其中的感觉。

即使如此,还是有很多的冒险人士跳入其中。而且在这里曾经丧生了非常多的人,这处幽潭此前已经吞没了至少 8 条人命,但每年依然有胆大者前往跳水。这些挑战者依旧无所畏惧,跳入该潭中。

温馨提示:冒险虽刺激,小命更重要。

2 沼泽

沼泽是指地表过湿或有薄层常年或季节性积水,土壤水分几乎达饱和,生长有喜湿性和喜水性沼生植物的地段。在我们生活中也有出现过,可能是有坑有水的大型垃圾堆。

案例警示

妈妈骑着一辆电动三轮车载着 12 岁的儿子小冉、7 岁女儿小硕硕去扔垃圾,妈妈将车子停在垃圾坑边上,俩孩子自顾自玩,她起初没注意孩子会遇到危险,直到女儿小硕硕哭着喊哥哥的名字时,她赶紧顺着声音往垃圾坑里跑。"当时女儿整个身子陷在了污泥里,只露个头,儿子在拉女儿时,也陷了进去,我赶紧跳了进去救他们。"妈妈说当她拽住女儿的胳膊、儿子的衣服,准备往外爬时,为时已晚,她跟两个孩子越陷越深,身上根本使不出一点劲儿,最后只能眼睁睁地看着孩子们沉入沼泽。

怎样识别沼泽

★ 沼泽一般在潮湿松软泥泞的荒野地带。看见寸草不生的黑色平地,就更要小心了。

★ 同时,应留意青色的泥炭藓沼泽。有时,水苔藓满布的泥沼表

第二章　危险的水域

面像地毯一样,这是最危险的陷阱。

★ 如非要走过满布沼泽的地方不可,应沿着有树木生长的高地走,或踩在石南草丛上,因为树木和石南都长在硬地上。如不能确定走哪条路,可向前投下几块大石,试试地面是否坚硬;或用力跺脚,假如地面颤动,很可能是沼泽,应绕道而行。

陷入沼泽,怎么办

1. 不论在高地、低地,都会有危险的沼泽,不小心掉进去,可能丧命。活命之道是:不要挣扎,应采取平卧姿势,尽量扩大身体与沼泽的接触面积,慢慢移动脱险。

2. 一旦发觉双脚下陷,应该把身体后倾,轻轻跌下,跌下时尽量张开双臂以分散体重,这样就可以使身体浮于表面。

3. 移动身体时必须小心谨慎。每做一个动作,都应让泥有时间流到四肢底下。急速移动只会使泥土之间产生空隙,把身体吸进深处。

4. 如有人同行,应躺着不动,等同伴抛一条绳子或伸一根棒子过来,拖拉自己脱险。

5. 倘若只有自己一人,朝天躺下后,轻轻活动手脚,用背泳姿势慢慢移向硬地。

6. 如身旁有树根、草叶,可拉它借力移动身体。

7. 不要慌忙。移动几十厘米,也许得花一个多小时。感到疲倦时可伸开四肢,躺着不动。这个姿势会保持身体不沉下去。

在沼泽地怎么维护生命

★ 在广阔的沼泽地带,最大的威胁是潮湿寒冷的天气。若弄湿了衣服,又暴露在寒风之中,就会很容易冻坏。

★ 应尽快寻找动物躲避风雨的地方,如树林、矮树丛、洞穴、岩石、堤岸等。沼泽地上的羊圈、牛棚也是避风的好地点。

★ 收集雨水或把冰雪融化来做饮用水。但在大雨、大雪或浓雾的天气情况下,若非必要就别冒险走出去。待天气好转,再走到附近安全的地方。

3 暗河

暗河也叫"伏流",指地面以下的河流,是地下岩溶地貌的一种,是由地下水汇集,或地表水沿地下岩石裂隙渗入地下,经过岩石溶蚀、坍塌以及水的搬运而形成的地下河道。主要是在喀斯特(岩溶)发育中期形成的。它往往有出口而无入口。

暗河在中国西南诸省多处可见,且规模巨大,如广西东安县内地下水系,四川筠连小鱼洞暗河,几乎在有石灰岩出露的地方都有暗河的身影。暗河的水位、流量不稳定,旱季与雨季流量差数可达10倍或100多倍。有些暗河水流湍急,有跌水,甚至有瀑布,有的可形成地下湖泊。可见,暗河的危险性是肉眼无法预测到的。

第二章 危险的水域

案例警示

织金某中学几名学生相约来到距离县城 20 公里的喜马塘河附近游玩时,其中一名男生不慎失足落入水中,并被湍急的河水卷入岩洞下方的一条暗河。由于水流太急又都不会游泳,他们只好报警找来专业救援人员。为了防止专业救援人员和救生艇也被冲入暗河,两岸群众用安全绳将两艘救生艇死死拉住。几个小时过去了,专业救援人员在河面来回搜救了数十次,但仍未见落水学生的踪影。

温馨提示:请不要到不熟悉的水域玩耍。

说一说

1. 请你说说哪些地区会有暗河。
2. 请你说一说怎么识别沼泽地。

第三章 下水安全常识

第一节 游泳安全常识

1 下水游泳先知道

※必须做好下水前的准备工作

由于游泳池水温低于人体体温（一般 27℃左右），往往人们在下水后会发生肌肉抽搐、关节伸展不开等现象。为此我们在下水前需要进行各种徒手操、原地跑跳等自我活动，以增加人体热量，同时使颈、肩、腰、膝等关节和全身肌肉活动开。

第三章　下水安全常识

※入水前首先要识别泳池深浅区

炎热的夏天,水是降温之宝。人们来到游泳场所,想马上下水也在情理中。但如果不了解情况匆匆忙忙一头扎下去,就容易出事。初学者万一误入深水区,易发生危险。也有游泳好手,进入泳池不分深浅高低,立马来个鱼跃入水,很可能因池浅造成头部受重创而致残,甚至失去宝贵的生命。因此一定要分清深浅区域的界限,量力而行。

※不准推人入水

如在同伴毫无准备之际,突然推他入水,极容易发生意外伤害事故,或正好落在水中游泳的人的身上;或落入水中呛水。因此在泳池中,注意不要推人下水。

※不能刻意用水撩对方

不要刻意用水撩对方,特别是初入水者,精神往往处于高度紧张之中,被水一激,就会本能地惊慌避开,往往容易脚一滑而呛水,人就往下沉。

※不要在池中潜泳

游泳池游客多，活动余地小。在池中潜泳，不仅容易被人踢到、撞伤，而且耗氧大，容易引起缺氧窒息。

※儿童游泳必须在成年人监护之下

儿童身材矮小，即使在有一定深度的浅水区也难以保持平衡，容易发生险情。所以儿童游泳一定要有成年人监护同行。

※游泳活动量要循序渐进

游泳练习，开始阶段活动量宜小。经过一段时间练习后，再逐渐增大，循序渐进，使人有个适应和提高过程。

※水温达23℃~27℃方可游泳(冬泳者除外)

如果水温低于人的体温，身体在水中散热快，能量消耗大。水温低于23℃，使人受冷，容易发生抽搐，甚至休克。

说一说

1. 请你说一说推人入水有什么严重的后果。
2. 请你说一说为什么不能用水撩他人。

② 牢记游泳九大忌

游泳是磨炼人的意志、锻炼身体的良好方法,但游泳也有禁忌。

◆忌饭前饭后游泳

空腹游泳会影响食欲和消化功能,也会在游泳中发生头昏乏力等意外情况;饱腹游泳亦会影响消化功能,还会产生胃痉挛,甚至呕吐、腹痛现象。

◆忌剧烈运动后游泳

剧烈运动后马上游泳,会使心脏加重负担;体温的急剧下降,会降低抵抗力,引起感冒、咽喉炎等。

◆忌在不熟悉的水域游泳

在天然水域游泳时,切忌贸然下水。凡水域周围和水下情况复杂的都不宜下水游泳,以免发生意外。

◆忌长时间暴晒游泳

长时间暴晒会产生晒斑,或引起急性皮炎,亦称日光灼伤。为防止晒斑的发生,上岸后最好用伞遮阳,或到有树荫的地方休息,或用浴巾在身上保护皮肤,或在身体裸露处涂防晒霜。

◆忌泳时过久

皮肤对寒冷刺激一般有三个反应期。

第一期：入水后，受冷的刺激，皮肤血管收缩，肤色呈苍白。

第二期：在水中停留一定时间后，体表血流扩张，皮肤由苍白转呈浅红色，肤体由冷转暖。

第三期：停留过久，体温热散大于热发，皮肤出现鸡皮疙瘩和寒战现象。这是夏游的禁忌期，应及时出水。

游泳持续时间一般不应超过 1.5~2 小时。

◆忌有癫痫史游泳

无论是大发作型或小发作型，在发作时都有一瞬间意识失控，如果在游泳中突然发病，就会有"灭顶之灾"。

◆忌高血压、心脏病者游泳

对于高血压者，特别是顽固性的高血压，药物难于控制，游泳有诱发中风的潜在危险，应绝对避免。对于心脏病，如先天性心脏病、严重冠心病、风湿性瓣膜病、较严重心律失常等患者，对游泳应"敬而远之"。

◆忌患中耳炎游泳

不论是慢性还是急性中耳炎，如水进入发炎的中耳，等于"雪上加霜"，使病情加重，甚至可使颅内感染等。

◆忌患急性眼结膜炎游泳

该病病毒，特别是在游泳池里传染速度之快、范围之广令人吃惊。在该病流行季节即使是健康人，也应避免到游泳池内游泳。

第三章　下水安全常识

> **说一说**
> 1.请你说一说为什么不能暴晒游泳。
> 2.请你说一说为什么游泳时间不能太长。

3　海边游泳要小心

选好时间

海边游泳不比游泳池,潮涨退潮的时候,要很谨慎,中午涨潮的时候建议不要下海游泳或者就是在岸边冲浪就好,一般傍晚5—7点退潮的时候下海游泳比较合适。再晚一点太阳落山后,没有灯光,再游也不安全了。

潮汐计算方式

大家都知道海水有涨潮和落潮现象。涨潮时,海水上涨,波浪滚滚,景色十分壮观;退潮时,海水悄然退去,露出一片海滩。涨潮和落潮一般一天有两次。

海水的涨落发生在白天叫潮,发生在夜间叫汐,所以也叫潮汐。我

国古书上说"大海之水,朝生为潮,夕生为汐"。在涨潮和落潮之间有一段时间水位处于不涨不落的状态,叫作平潮。

> 查当日的农历日期,如果是在农历十五以前,将该农历日直接×0.8,乘积为当日最高潮的时点,而游泳安全时段在最高潮前6个小时－最高潮后1个小时之间;最佳游泳时段是最高潮前2小时－最高潮后1小时之间;危险时段是最高潮后1小时以后。如果农历日期大于农历十五,则减去15,再×0.8,得到当日最高潮时点,游泳时段和第1条所列相同。
>
> 因为每天24小时会有两次最高潮两次最低潮,所以算出的最高潮时点再+12小时,就是当日另一个最高潮时点。
>
> 实例:比如今天是农历初八,8×0.8=6.4,今天的最高潮时点就是早晨6.4时(即6点24分)和傍晚6点24分。安全游泳时段就是0点24分－7点24分和12点24分－傍晚7点24分,最佳游泳时段是早上4点24分－7点24分和12点24分－傍晚7点24分。当然,不会有人凌晨就去海游,所谓最佳时段是指潮汐涨落而言。
>
> **温馨提示**:每天的潮水会与我们的计算结果有点小误差,大家提前注意一下。

选好水域

不要单独一人,要选择人群多的沙滩,不要去偏僻的水域。毕竟初到一个海滩,对地形不熟悉,暗礁和岩石都可能涨潮的时候被淹没在海水中,不小心游得太远或是太偏僻,求救都很困难。初学者尽量不要去水深超过身高的地方。

第三章　下水安全常识

注意海里的生物

▲ 水母是一种非常漂亮的水生动物，身体外形像一把透明伞。它虽然没有脊椎，但身体却非常庞大，主要靠水的浮力支撑其巨大的身体。在蓝色的海洋里，这些游动着的色彩各异的水母显得十分美丽。

然而，这些美丽的生灵也是致命的"杀手"。被水母蜇到就会引起皮疹，使皮肤发痒，十分痛苦。尽管大部分水母是不致死的钵水母纲动物，但是箱型水母却是致命杀手。

它们的触须上有蓄满毒液的刺，能使它们的猎物停止心跳。如果你怀疑你所在的海滩上有箱型水母，那么你最好不要走进水里，或者采取必要的防护措施——离它们远一点，即使是被冲上岸的水母。如果你不小心被这种几乎隐形的动物蜇到，一定要尽快就医。

▲ 刺鳐就像一条持剑的鱼，是随时准备好还击的战士。这种扁鱼的尾巴像一根长鞭，其上还有尖

75

锐得足以刺穿坚硬物体表面的倒刺。通常，刺鳐会避开人多的地方，可它们经常藏身在沙穴里，一旦在浅水里踏浪，你不小心踩到它们，它们尾巴上尖锐的倒刺就会立刻刺穿你的皮肤，引起严重的反应。

一般情况下它的毒素并不致命，但是毒素所引起的反应却可能危及生命，因此我们必须谨慎以对。为了避免踩到刺鳐，你最好不要在浅水里走动，而要在沙滩上拖着脚走——不要每一步都把脚抬起来，而是把脚埋在沙子里拖着走，这样沙子引起的震动就会把刺鳐吓走。

▲ 海胆味美，可却不是一种可爱的动物。事实上，海胆的杀伤力不容小觑。它们在浅水里活动，一旦被踩中立刻给予你一记重击。海胆的体刺很锐利，并且含有毒素，会引起人体痛苦反应。尽管无性命之忧，但最好还是小心一点。一旦海胆的刺在你的皮肤里折断，就必须寻求专业医生帮你把刺挑出来，否则它会潜入身体内更深的组织。

▲ 石鱼是动物王国的伪装专家，并且毒性极强。一旦察觉到危险，石鱼背上的棘刺就会竖起，并释放毒液。常常有报道称，被石鱼棘刺扎中的人请求把自己受到感染的部位截肢，因为剧烈的疼痛实在让人难以

第三章 下水安全常识

忍受。人们很难避开石鱼，因为它们太擅于与周围环境融为一体了。

石鱼产自于印支太平洋沿海地区以及加勒比海和佛罗里达部分地区，虽然有关于人被石鱼蜇到的报道寥寥可数，但前往这些海域游泳的人还是一定要小心谨慎为好。为了避免被石鱼刺中，千万不要光脚在海里涉水。一旦被石鱼蜇到，可在获得医疗救助前用温水敷伤口，缓解疼痛。

▲ 众所周知鲨鱼很危险。可能在海里不会经常遇见鲨鱼，但是还是需要知道一些有关鲨鱼的知识，以防万一。

第一，不要在鲨鱼出没的海域戏水，因为这会吸引鲨鱼前往。

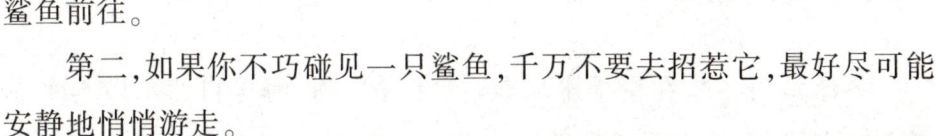

第二，如果你不巧碰见一只鲨鱼，千万不要去招惹它，最好尽可能安静地悄悄游走。

第三，要注意附近的其他海洋生物，如果它们行为异常，说明附近可能有一只鲨鱼。

总之，在海里游泳的时候一定要了解周围环境，了解这些知识，以便遇见鲨鱼的时候不至于慌了手脚，避免不必要的风险。

▲ 微型藻类危险虽然不大，但是我们也要当心。有害藻类的大量繁殖通常

77

呈鲜亮的颜色,被称作"赤潮"。它们会产生毒素,并引起人体疾病。如今全球各地的湖泊、海洋里都有出现"赤潮",这已经成为十分严重的问题。有害藻类大量繁殖会刺激眼鼻、引起胃部问题或更为严重的神经系统反应。因此,在去游泳之前,应对海域的水质有所了解。

说一说

1.请你说一说被水母蜇到以后,该怎么办。

2.请你说一说怎么才能避免遇到鲨鱼。

4 冬季游泳要量力而行

★冬季游泳的益处

冬泳是指冬季在室外水域,包括江、河、湖、海等自然水域与水库等人工水域,自然水温下的游泳。即以气温10℃以下为冬季的标准定义冬泳。以水温为标志,全国冬泳可划分为四个层次区,气温以17℃作为冬泳的起点;水温以8℃作为冬泳的冷度标志,17℃以下的水温给人以冷感,低于8℃以下则有冷、麻、强冷刺激的感觉。

第三章　下水安全常识

冬泳,听起来就让人觉得全身凉飕飕的,但是,正确的冬泳对身体的确是有好处的,它能增强抗寒能力、增强心肺功能,还能减肥,下面我们来看看冬泳的好处:

◎ 冬泳先冷后热,先苦后甜,可砥砺意志、陶冶性情,增强抵御寒冷的能力,从而减少伤风感冒的发生。

◎ 冬泳与寒冷做斗争,要消耗较多的能量,防止脂肪在体内囤积而导致三脂高,是减肥的妙方。

◎ 冬泳在冷水中深呼吸,吸入比平常更多的氧气,吐出大量的二氧化碳,能增强肺活量,对防治咽喉炎、支气管和肺疾起到良好效果。可以增强心肺功能。冬泳后心肌收缩力增强,血液循环加速,促进身体各系统功能,向好的方面发展。

◎ 通过冬泳锻炼普遍感到心理上的满足。通过强冷刺激后所产生的欣慰感,冬泳这种心理上和精神上的不断充电,对机体各系统生理功能定会产生积极的影响。这样,身心在一个较高水准上的平衡,产生一种良好的循环。

★哪些人不适合冬泳

冬泳的好处很多,因此冬泳得到了很多人的青睐,每到冬季,大批的冬泳爱好者都涌向冰冷的水边。那是不是每个冬泳爱好者都适合冬泳呢?

案例警示

71岁的刘爷爷和其他几名同伴从长江大桥武昌桥头堡处下水，游到江中航道浮标后开始往回游，但一艘航船经过时产生了波浪，浪头过后，上岸的队员发现刘爷爷随身带着的救生浮漂漂在江面上，就是不见刘爷爷，其他人顺江寻找，在下游的武昌江滩岸边发现了刘爷爷，不幸的是刘爷爷此时已经身亡。

刘爷爷的家人说，刘爷爷有糖尿病，但酷爱游泳。家人因考虑到他年龄大，有糖尿病，且冬泳比较危险，曾劝过他少游泳，但他没有听从家人的意见。

可见，并不是每个人都适合冬泳的，那么哪些人不适合冬泳呢？

▲16岁以下的少年和70岁以上的老年人由于身体状况特殊，不适合冬泳。

16＜最佳冬泳人群＜70

▲患有较为严重的心脏病、较严重的高血压病、肝炎、较严重的肾炎、较严重的胃溃疡等疾病的人，不宜进行冬泳运动。在身

第三章 下水安全常识

体不适应的情况下,冬泳也许会加重病情。

▲中耳炎患者不能游泳,以免水进入耳朵不易排出,造成中耳穿孔。中耳炎治愈后游泳时要戴上耳塞,不能让耳朵进水。

▲为了保持大家身体健康,患有传染性皮肤病的人,乃至患有任何传染性疾病的人,也不适宜游泳。这是为了阻止传染病的蔓延。

总之,冬泳好处多,但是一定要注意安全,最好能有多人一起游泳,不要逞强、不要攀比游泳时间,安全才是最重要的,不适合冬泳的人就不要下水了。

你知道吗?

有的人喜欢冬泳后立即去洗热水澡,他们认为身体的一冷一热,有利于血管的收缩与膨胀,对锻炼心血管有好处。其实,冬泳后立即去洗热水澡是不合适的。

冬泳者刚出水时的体温在27.4℃以下。而人体的正常体温为36.8℃,人体的体温如果较长时间处于34℃,就属于体温过低,有生命危险。这就意味着冬泳者出水后,要在较短时间内依靠自身的产热能力,将体温由27.4℃以下凭借着脂肪的消耗产热恢复至正常。正是在这样的过程中,人体的

体能得到了锻炼,增加了各项机能新陈代谢的能力,使冬泳者身体素质得到提高。

为了适应冷环境的要求,在冬泳的过程中,冬泳者的血管早已在进行着最大程度的收缩与扩张,心脏也在努力地尽最大能力进行着血液的输送,从而使心肌得到了锻炼。从这个意义上讲,为了锻炼心血管,冬泳后即洗热水澡是完全没有意义的。

冬泳后不能立即洗热水澡,当你冰冷的身体进入热水时,你本身的寒气不能排出,只能进入身体内,一次不要紧,时间长了就会留下隐患,使体内积累太多的寒气,对你的身体极为不利,这需要你用运动的方式随着身体的汗液才能排出!

海难纪实

据国际海难统计资料:全世界每年发生海难近万次;沉没渔船、货船几千艘;死亡人数上万余,其中80%落水者是在穿着救生衣状态下被冻死的。

1912年4月15日,巨型豪华邮船"泰坦尼克"号首航中,行至加拿大纽芬兰省圣约翰斯市附近北大西洋海域与冰山相撞沉没,在4℃的冰海中,不过5—10分钟,1502人成了冤魂,海难的悲壮,至今世人不忘;1948年12月3日,大型客轮"江亚"号在长江口遭轰炸沉没,2000余人死亡,绝大多数人是在低温江水中冻死的。

1959年12月1日,"418"号潜艇在东海发生碰撞事故沉没,有15人从鱼雷发射管成功逃生,但他们被援救船从水面救起时,14人已经死亡,尽管他们穿着救生衣,但还是被冰冷的海水冻死。

1999年11月24日,"大舜"号客轮在烟台外海翻沉(当时气温0℃,水温12℃),282人遇难,有的是落水后冻死的,也有的救上岸后抢救不当冻死的,幸存的22人也被冻得奄奄一息,处于濒死状态……

5 游泳时,耳朵进水怎么办

由于水有一定的张力,进入狭窄的外耳道后形成屏障而把外耳道分成两段,又由于水的重力作用,使水屏障与鼓膜之间产生副压,维持着水屏障两边压力的平衡,使水不易自动流出。

有时外耳道内有较大的耵聍阻塞,则水进入耳道后更易包裹于耵聍周围而不易流出。耳内进水后会出现耳内闭闷,听力下降,头昏,十分不舒服,因此人们往往非常迫切想把水排出来。

有人甚至用不干净的夹子、火柴棒、小钥匙等掏耳,这样虽然可侥幸将水屏障掏破,使水流出,但也易损伤外耳道甚至鼓膜,而导致耳部疾病。耳内进水后应及时将水排出,最常见的方法是:

◎ **单足跳跃法**:进水的耳朵向下,借用水的重力作用,使水向下从外耳道流出。

◎ **活动外耳道法**:可连续用手掌压迫耳屏或用手指牵拉耳郭;或反复地做张口动作,活动颞颌关节,均可使外耳道皮肤不断上下左右活动或改变水屏障稳定性和压力的平稳,使水向外从外耳道流出。

◎ **外耳道清理法**:用干净的细棉签轻轻探入外耳道,一旦接触到水屏障时即可把水吸出。由于游泳池或河水不干净,污水入耳后引起外耳道皮肤及鼓膜感染,或耳内进水后处理不当,如不洁挖耳等,常可引起以下几种耳病:外耳道炎,

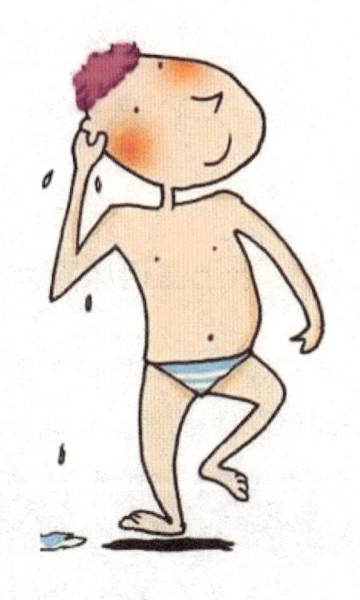

外耳道疖肿,耵聍阻塞,鼓膜炎,化脓性中耳炎。如果耳内进水后出现以上症状,应暂时停止游泳,并去医院检查,对症治疗。

防溺水童谣

游泳戏水季节到,偷偷下水不得了。
擅自结伴不能保,大人陪护不能少。
没有救援不要去,陌生水域不可靠。
盲目施救不可取,安全六不别忘掉。

说一说

1.请你说一说哪些人不适合冬泳。
2.请你说一说冬泳后应该采取什么样的措施保护自己。

第二节 水上交通安全常识

1 水上交通风险大

水,滋润万物,地球上一切生命都离不开水。自古以来,人类与水就有着密切的联系,我们除了靠喝水来维持生命、利用水来清洁环境外,还利用水来运输人员和货物。现代社会,人类的水上活动就更加频繁了。水与我们的生产、生活息息相关。

你们知道吗,我们很多的生活必需品都是从产地通过水路运输而

第三章　下水安全常识

来的,还有很多的外国朋友也是乘船来我们国家的。因此水上交通安全非常重要,所以,我们要好好学习一下与水上交通安全相关的知识,养成良好的水上出行习惯,让平安的水上出行从这里开始。

一般情况下,只要我们遵守有关规定,安全措施得当,水上出行还是很安全的。但与其他交通方式一样,乘船出行也有一定的风险,如沉船、翻船、碰撞、火灾等。所以,了解可能存在的风险,树立水上交通安全意识,能更好地保护自己的生命安全。

案例警示

"泰坦尼克"号海难

1912年4月10日,号称"永不沉没"的巨轮"泰坦尼克"号开始了其首次出航。但是,航行第四天的深夜,"泰坦尼克"号撞上了冰山,船体裂成两半后沉入大西洋,1500多人葬身海底。"泰坦尼克"号海难成为20世纪世界上最严重的海难之一。

湖南邵阳船舶超载沉船事故

2011年9月9日下午,湖南省邵阳县70多名中小学生集体乘坐短途客船回家。他们所乘坐的短途客船(载客定额14人)严重超载,行驶中螺旋桨触碰采沙船缆绳导致翻船。事故造成11人死亡、3人失踪、20人受伤。

韩国"岁月"号客轮沉没

当地时间2014年4月16日上午8时,载有470余名乘客(包括325名前往济州岛修学的高中学生)的"岁月"号客轮在韩国西南海域发生浸水事故而下沉。事故最终造成294人死亡,10人失踪。

"东方之星"突遇龙卷风沉船事件

2015年6月1日深夜9点30分左右,"东方之星"轮突遇龙卷风,在长江湖北监利段倾覆。2015年6月2日1时许,长江干线水上搜救协调中心接报,重庆东方轮船公司所属旅游客船"东方之星"轮在长江湖北监利段突遇龙卷风瞬间翻沉。

2015年6月5日18时35分许,经过扶正作业,"东方之星"沉船主甲板以上部分完全露出,"东方之星"四字清晰可见。

第三章 下水安全常识

　　已经发生的水上交通事故案例为我们敲响了安全的警钟,提醒大家一定要注意水上出行可能存在的风险。那么,水上交通可能存在哪些风险呢?

　　◎ **恶劣的气候环境**:台风、大雾、暴雨、海浪、海啸等自然灾害对船舶形成冲击,引发触礁、翻船、船体碰撞等事故会导致人员落水。

　　◎ **船舶火灾**:木质船舶或者装修材料可能发生火灾,由于使用燃油和电器,操作不当时船舶可能发生火灾甚至爆炸。

　　◎ **船舶交通事故**:船舶超载,违章驾驶,操作不当,船舶碰撞,触礁等导致发生沉船事故。

　　◎ **儿童自行撑船过河**:存在极大危险,应立即采取措施,消除安全隐患。

87

说一说

1.请你说一说你还知道哪些海难事故。
2.请你说一说你所知道的水上交通工具。

2 养成良好水上出行习惯

☆"四看"

抵御潜在的风险,我们还应该养成良好的水上出行的习惯,首先是在选择船只方面,要做到"四看":

一要看:有没有船名。

船名一般在船体两侧的显眼位置,或者在驾驶舱的顶部或侧面。

二要看:船舶的乘客定额。

船舶乘客定额牌通常放置在上船梯道顶部或者进客舱门口位置,也有些小型客船将其置于客舱里面靠近驾驶舱的舱壁上。我们在登船时,要估计或询问一下乘客人数有没有超过定额数。没有标注定额数或乘客数已超过定额数的船不能坐!

第三章　下水安全常识

三要看：船舶在水面上的高度。

船舶在靠近水面的地方，会用两种不同的油漆颜色明显标示出船舶的载重线，如果这条线在水面以下，或者看不到不同的颜色线，说明这艘船已超载，超载的船不能坐！

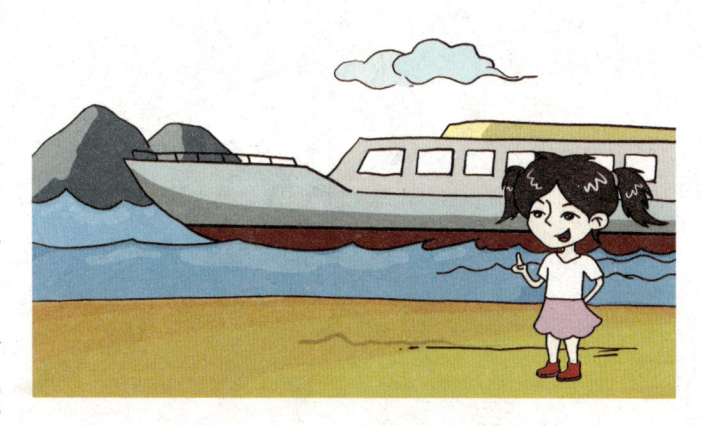

四要看：有没有安全设备。

安全设备完备的船只，会在明显的地方设置有救生衣、救生圈、灭火器等安全设备。上船后，我们要找到救生衣放置的位置。没有安全设备的船千万不能坐！

☆乘船的良好习惯

（1）上下船时按顺序

上下船的时候，我们一定要按顺序排队等候，先下后上，不插队、不推不挤、不跑不跳，行走时看清脚下，依次登船。

89

(2)船上活动讲文明

上船后,要找好位置或座位,坐好扶稳。活动时,要轻声慢步,靠右行走,上下楼梯扶好扶手。不要在船上嬉戏打闹,随意跑跳。

(3)救生设备准备好

乘坐需要穿救生衣的船只,应按要求认真穿好救生衣、拿好救生装备;不要求穿救生衣的船只,要看清楚船上救生衣和救生圈等救生设备放置的位置和使用方法,熟悉船上的疏散路线。

第三章　下水安全常识

(4) 紧急情况听指挥

遇到危急情况,要保持冷静,注意听从船上工作人员的指挥和安排,不要自作主张跳船逃生。

(5) 各种垃圾不乱扔

乘船的时候不要把垃圾扔到水中,也不要随地乱扔,要把垃圾放到指定位置。

(6) 危险船只不乘坐

乘船时一定不要携带鞭炮、汽油等易燃易爆危险品上船。

91

禁止携带
危险物品

我们再来认识下常见的水上安全标识：

中国海事　　　　　注意危险　　　　　渡口

击碎面板　　　　　禁止游泳　　　　　紧急出口

客渡船　　　　　　禁止明火　　　　　水深危险

第三章　下水安全常识

消防水带　　　消防手动启动器　　　发声警报器

说一说

1. 请你说一说水上安全标识各有什么特征。
2. 请你说一说水上交通的良好习惯有哪些。

3 遇上沉船,怎么办

一般情况下,只要我们遵守有关规定,乘船出行还是很安全的,但有时难免也会遇到一些危险的意外情况,我们乘船出行或游玩时,可能会发生翻船、沉船事故,或因为拥挤等情况意外落水,在这种情况下,除了掌握好游泳技能,我们还应知道一些应急措施。

◆ **弃船前做好准备工作**

(1) 要服从船上工作人员的指挥,做好弃船逃生的准备工作。
(2) 应尽可能地多穿衣服,戴上手套、围巾,穿好鞋袜,保温保暖,最好穿不透水的衣服。
(3) 一定要穿好救生衣。
(4) 如果时间允许,尽可能带些淡水、食物等。
(5) 按照疏散路线迅速到指定位置集合。

(6)需撤离船只时,要按先后顺序进入救生艇,妇女和儿童优先。

◆ 跳水逃生时注意事项

在船只即将沉没,又无法登上救生艇或救生筏离开大船时,就不得不跳水求生,这时我们需要注意:

(1)应尽量选择靠近水面的位置跳水。

(2)跳水时,左手应紧紧握住右侧救生衣,夹紧下拉,右手拢捂口鼻;双脚并拢伸展,身体保持垂直,头朝上,脚向下起跳。

(3)要查看水面,避开水面上的漂浮物。

(4)应尽量从船舷跳下,如船体左右倾斜时应从船头或船尾跳下。

(5)入水后要游离船体,在水中的位置要离沉船远一些,以免船下沉卷起漩涡吸入落水者。

(6)如果穿救生衣或持有救生圈,在水中采取蜷身屈腿的姿势以减少体热散失。除非离岸较近,或是为了靠近船只及其他落水者,一般不要无目的游动,以保存体力。

第三章　下水安全常识

(7)要想办法发出声响,或者摇动色彩鲜艳的衣物等,以便岸上或其他船只上的人发现。

说一说

1.请你说一说遇险跳水时应该注意些什么。
2.请你说一说遇上沉船时如何自救。

4 有哪些求救方式

★水上遇险报警求助方

◎拨打全国统一水上遇险求救电话"12395"(谐音为123"救我")。

◎用哨子、号笛、号钟或者其他任何有效鸣响器,连续发出响亮的急促短声。

95

◎晚上还可以通过晃动或闪烁手电筒向附近的船只或人员报警求救。距离远时,白天可以燃放浓烟,晚上可以燃放火焰。

★ **落水时求救的方法**

◎落水后,要保持镇静,尽可能用双臂在身体两侧缓慢地重复上下摆动,吸引他人注意,进行求助。

◎若未能返回船上,可以单手扶船支撑,另一手尽量伸直,高举在水面上,手握拳示意要求救援。

第三章 下水安全常识

◎身上有防水哨子,可以吹哨子吸引注意,请求救援。

◎若没有其他器具,可大声呼喊或发出其他声音,吸引注意。

施救歌

同伴落水我不怕,立即报警和求救。
岸上船上莫惊慌,镇定自若找工具。
搭救伙伴靠智慧,自身安全更重要。

说一说

1. 请你唱一唱施救歌。
2. 请你说一说落水时,报警救助的方法。

第三节　水上娱乐安全常识

1　水上冲浪安全常识

冲浪不仅能让人享受到刺激惊险的感觉,还能冲去暑气,可以说是夏天最受人们欢迎的运动之一了。但即便是这样,很多人都不敢去海边冲浪,这是因为冲浪其实是一项极限运动并且它的危险系数很

第三章 下水安全常识

高,遇险的情况也比较多。那么在冲浪的过程中,会遇到些什么,以及我们应该注意些什么呢?

遇到哪些危险

★海洋生物

鲨鱼是人们最常听说的攻击冲浪者的海洋生物,实际上每年发生鲨鱼攻击冲浪者的事件并不多。反而像海胆、水母这两种生物时时伴随着冲浪者,应该绝大部分的冲浪者都被水母蜇过,严重程度因人而异,也可以是致命的。

★溺水

普通的溺水事件在冲浪者身上是很少发生的,毕竟有冲浪板在身边,相反冲浪者经常扮演救生员的角色救溺水人员。但是如果浪很大,冲浪板被冲走,也极有可能发生溺水,所以冲浪时最好是和朋友一起下水,如遇到突发情况也可以有人帮忙。

★海浪

浪可以是美丽温柔的,也可以是丑恶凶悍的。

★暗流

暗流对于冲浪和游泳的人来说都存在致命的危险,暗流可以在分秒间内让你漂出很远。其实大部分会游泳的人在大海遇到暗流不

知道如何处理,引发的恐慌是造成溺水的主要原因。

★ **浪区**

浪区一般分为沙滩浪和礁石浪,沙滩浪相对而言比较安全,除非浪很大。礁石浪就完全不同了,浪区下面全部都是礁石,受潮汐的影响,有的地方的礁石甚至可以露出海面,如果万一不小心撞到礁石,将会是一件非常严重的事情,所以一般建议新手不要去礁石区冲浪。

注意事项

为了能够更好地享受冲浪,更加安全地冲浪,我们应该注意一些什么呢?

1. 准备工作要做好

如果你是初级的冲浪手或者初学者,在下水冲浪之前一定要将自己的装备检查一遍。例如安全绳和救生衣是否完好,蜡块打过没等等。另外还需要做二十分钟的热身运动,这些做完后你就可以下水了。做这些准备工作都是为了保证你在冲浪时不会因为准备不充分或者自身条件而造成意外。

2.会游泳

我们都知道冲浪的时候浪很大,一个浪头打过来,冲浪的人很容易就被拍到海水里,为了避免因为溺水导致的伤亡事故,学冲浪之前还是先把游泳学会吧,这样当你一次又一次地被海浪掀进水里时,自己还能游泳找到冲浪板再继续挑战。

3.不要心急抢浪

冲浪看似毫无章法,但其实也是有一些需要遵守的规则的,比如冲浪者就一定要遵守冲浪的起乘规则。这个规则里面的意思就是冲浪时一个人一个浪,最靠近浪壁起乘点的那个人可以优先站起,这个时候在旁边的冲浪者都要停止冲浪或者刹住,因为如果随意抢浪的话容易发生事故。而且如果发生事故的话,抢浪者是需要承担责任的。

> **说一说**
>
> 1.请你说一说在冲浪前,应该做什么样的准备工作。
> 2.请你说一说你所了解的暗流。

2 水下潜水安全常识

潜水是一项充满刺激的水下运动,因为水下的世界无法预测,面临的危险也有很多。在潜水之前看一下前方,水面平阔、没有激流、没有造成伤害的动物和物体,潜水就是安全的;潜水进入大的漩涡和暗流、长时间潜不出水面、水下头碰硬物、水下尖刺物刺入身体、水下碰到大型食肉动物和有毒物、水下遇到强电流、水草缠脚、水酸碱太强潜水、水太冷体能耗尽、不会游泳下沉等,都会造成溺水身亡。

海底潜水突发状况

★ 抽筋

如果心理紧张、水太凉或待在水里时间太长,都可能抽筋。下水前的准备活动应当充分,在水里时间别太长。一旦出现抽筋,千万不要慌乱。比方脚趾抽筋,那就马上将腿屈起,用力将足趾拉开、扳直;小腿抽筋,先吸足一口气,仰卧在水面,用手扳住足趾,并使小腿用力向前伸蹬,让收缩的肌肉伸展和松弛;手指抽筋时,手握成拳头,然后用

第三章 下水安全常识

力张开，如此反复，即可解脱。

★ 头昏脑涨

主要原因是潜水时间过长，血液聚集于下肢，脑缺血，机体能量消耗较大，身体过度疲劳。立即上岸休息，全身保温，并适当喝些淡糖盐水。

★ 恶心、呕吐

鼻子呛进脏水就会这样。赶快上岸，用手指压中脘、内关穴，如果有人丹，也可以含上一粒。为预防肠炎，还可吃几瓣生蒜。

★ 皮肤发痒、出疹

主要是皮肤过敏所致。立即上岸，服一片阿司咪唑或氯苯那敏，很快就会好转。

★ 眼睛痒痛

可能是由水不洁净引起。上岸后应马上用清洁的淡盐水冲洗眼睛，然后用氯霉素或红霉素眼药水点眼，临睡前最好再做一下热敷。

水下潜水注意事项

▲ 保持沟通

在潜水的过程中，与潜水员、同伴之间的沟通要做好。有效的沟通对潜水过程起到了更好的保障。并非所有的潜水员都是一带一或者一带二的简单模式，一些热门的潜水点经常会出现一个人带十几个人潜水，因此队伍的规则必须严格遵守，即便在水底出现了突发状况也能够及时找到解决的方法途径。

▲不要单独行动

去到陌生的海域潜水切忌单独行动,因为对海域的不了解,可能会有诸多隐藏的危险存在,如果单独行动很容易出现不可逆转的后果。同时,如果与同伴一起在水底时,突然发现同伴不见的情况下,一般只允许在水底继续等待或者寻找一分钟便需离开。

▲切忌随便触摸

当你在海底见到迎面而来的海龟,也许会让你想要近距离地接触一下,成群的珊瑚和可爱的热带鱼也会让你好奇地想要伸手触摸,然而这样的行为基本是不被允许的。破坏了这片海域的环境与和谐,也许下次再来就无法看到这些神奇的物种了。

说一说

1. 请你说一说海底潜水应该注意一些什么。
2. 请你说一说海底潜水时可以看到什么样的景象。

3 水上漂流安全常识

漂流注意事项

夏季,一个适合漂流的季节,但常言道"欺山莫欺水",参加漂流还是要注意些事项的。

1.上船第一件事是仔细阅读漂流须知,听从工作人员的安排,穿好救生衣,找到安全绳;

2.漂流船通过险滩时要听从工作人员的指挥,不要随便乱动,应紧抓安全绳,收紧双脚,身体向船体中央倾斜;

3.若遇翻船,不用慌张,要沉着;

4.不得随便下船游泳,不得远离船体独立行动。

漂流技巧大分享

◆漂流沿溪而下,水面开阔河流较缓时,尽可悠闲地挥挥桨,抬头看看周围的景致,但是遇到急流险滩时,就需要大家齐心协力,运用各种技巧同舟共渡。

◆到达险滩前,可先预测一下顺流而下的大致方向,然后招呼大家收桨,将脚收回艇内并拢,双手抓紧船沿上的护绳,身体俯低,不要站立起身,稳住舟身

重心保持平稳,一般就能安然渡过。

◆河道水流较深时,常会出现漩涡,此时应尽量避免被卷入,绕行而过。如果被卷入的话,要保持镇静,让艇顺着洄流旋转,等转至漩涡外围时,大家全力划桨即可冲出困境。

◆保持平稳、避免冲撞是漂流过程中须恪守的原则。实在避无可避时,要将舟身控制在正面迎撞的角度,抓紧绳索。冲撞后舟身会与岸平行,此时这一侧的乘员要注意收脚以免夹伤。有时艇与艇之间会靠得很近,为免冲撞双方要相互配合往反方向划桨或抵开船身。

◆漂流过程中注意沿途的箭头及标识,它可以帮助你找主水道及提早警觉跌水区。

漂流可能遇到的紧急情况

遇到翻船怎么办?

假如是翻船落水,应保持镇定,憋住气,小心不要呛水,先将艇身扶正,重新登艇时注意两侧受力均衡,一侧人员爬上艇时另一侧要有

第三章　下水安全常识

人压住。掉落的划桨要及时拾回，否则失去了划桨，到缓流区就只能用手划水了。

遇到急流怎么办？

　　漂流，最刺激的当然是下急流。所以漂流的过程中需注意沿途的箭头及标语，可以帮助你提早警觉跌水区。如果是在河道操桨纵舟斗急流，漂流沿溪而下，水面开阔河流较缓时，可悠闲地挥挥桨，抬头看看周围的景致，但是遇到急流险滩时，就需要大家齐心协力，运用各种技巧同舟共渡，而漂流的精髓，也就体现在此了。在下急流时，要抓住艇身内侧的扶手带，坐在后面的人身子略向后倾，双人保证艇身平衡并与河道平行，顺流而下。切记，肢体及头部不要伸出橡皮筏的立面，以防撞上石头，否则后果严重。

遇到漩涡怎么办？

　　河道水流较深时，常会出现漩涡，此时应尽量避免被卷入，绕行而过。如果被卷入的话，要保持镇静，让艇顺着洄流旋转，等转至漩涡外围时，如果是带桨漂流的，大家全力划桨即可冲出困境；无桨漂流可以用手划水，或者遵照护漂员指示即可。

107

遇到搁浅怎么办？

  石头密集之处，水道变窄，水深变浅，水流变急，很容易发生搁浅。此时不必慌乱，可用桨抵住石头，用力使筏身离开搁浅处。若此招不灵，就要派人下水，从旁侧或拉或推让艇身重入水流，而拉艇的人则要眼明手快，注意安全。如果筏受卡，不要着急站起，应稳住筏身，找好落脚点后才能站起。如果是无划桨漂流被卡，一般被卡处就是急流的上方，最好是等待护漂员救援，自己贸然站起来推，会比较危险。

遇到其他漂流筏冲撞怎么办？

  最好能将筏身控制在正面迎撞的角度（侧面碰撞容易导致翻船），人员抓紧绳索。冲撞后筏身会与岸平行，此时身体要在筏内以免夹伤。有时筏与筏之间会靠得很近，也要避免夹伤。

> **说一说**
>
> 1.请你说一说哪些地方适合漂流。
> 2.请你说一说漂流应该注意些什么。

第四节　跳水的安全常识

1　跳水需谨慎

  跳水运动员的跳水姿势优美，很多人艳羡不已，丁是一见到水就迫不及待地想跳水过过瘾，其实，这是一种错误的做法。跳水可没有你

第三章 下水安全常识

想得那么简单,跳水者如果没有受过专业训练,就容易面临危险。

如果跳水者掌握了相关的技巧,实际操作中姿势正确的话,不会出现什么问题。但若是动作完成不到位,姿势也不对,即便是专业运动员,也难免受伤,何况我们普通人呢?据了解近段时间,全国各地就曾发生多起在游泳馆违规跳水,头部触底导致扭断脖子险致高位截瘫的报道。

其实在各大游泳馆均设有醒目的禁止跳水提示牌,为防止游泳者跳水,有的游泳馆救生员不但配备了口哨,还配备了喇叭。但每天都有游泳者不顾警示擅自跳水,有的甚至还到较高的位置跳水。

按照国际泳联的标准,专业跳水泳池的深度一般都在5米以上,有的甚至达到6米,这个深度才可以确保专业跳水运动员的安全。而游泳场馆,水位、设施均未达到专业跳水的标准。

所以,我们一定要加强安全意识。提醒喜欢在野外或泳池玩跳水的同学,一定要小心谨慎,如有导致外伤的患者,他人切勿擅自挪动、扭曲其身体,尽可能使其平躺,并第一时间拨打120救治。

跳水潜藏的危险

★ **眼角膜损伤**

跳水会使人的眼睛受到很大冲击。跳水运动员不戴游泳镜是因为受过专业训练。而没经验的人，有的出于模仿，有的担心游泳镜会掉，不戴泳镜跳水的结果是造成眼角膜损伤以及散光。

★ **脾破裂**

跳水的人姿势往往不正确，很容易肚子先着水，有可能伤及内脏，甚至出现脾破裂等致命后果。

★ **颈椎损伤**

跳水时发生颈椎损伤大多是跳水不得法所致。例如，从出发台跳出时蹬台无力，或入水点太近，或蹬台时髋关节未伸直，或入水角度太大，或入水时撞击正在游泳者的身上等等。此外，游泳池水太浅（不足 2 米）也是原因之一。

★ **脑震荡**

如果跳水者的脑袋先落进水池中，那么将会引发严重的脑震荡，甚至遭遇头骨碎裂的噩运，可能因此而命丧当场。

第三章 下水安全常识

★痉挛抽筋

当跳水者接触水面的时候,由于巨大的重力影响施加到身体,他们经常会遭遇痉挛和抽筋,大量肾上腺素会流进血管。

★伤亡

特别提醒游泳爱好者,在自然水域里游野泳的人跳水就更危险。这是因为,河、湖、水库等处水下情况复杂,水草石块较多,贸然跳水极易造成伤亡。

由此可见,没有受过专业训练的跳水是很危险的。

说一说

1.请你说一说适合跳水的水域以及水的深度。
2.请你说一说跳水的危险性。

2 冬泳跳水的危险

寒冬腊月天跳水与常温下的跳水还是有着很大的区别的,之前我们了解到了常温下的跳水的危险性,我们现在来一起了解一下冬泳跳水的危险性。

◎许多人游泳时发生抽筋、头晕、心跳速度骤然加快等,都与猛然入水有关。人体从静止进入到猛烈运动,需要一个过渡,以使身体各部适应运

动的需要。例如在体育比赛中，运动员们在进入到比赛之前，都要做热身活动，使身体机能和精神状态都进入到准备状态。冬泳时的逐渐入水，就是身体对冬泳条件的过渡性适应。

◎天寒地冻，容易发生伤害。冬天游泳场地附近地表常常冰冻，地面打滑，容易摔跤。跳水时常常容易身体重心不稳，或者发生摔跤，或者跳水入水时发生偏差，如果跳入水中时，再同正在游泳的人发生碰撞，就更容易发生事故。

◎水中冰块，容易划伤皮肤。冬泳时往往要打开冰面才能进行，所以，冬泳的水面通常并不宽阔，本来就不适合跳水。而且，水中常有打碎而未能捞尽的小冰块，这些小冰块的边缘比较锋利。这些冰块漂在水中，因其透明，常常使人看不清。冬泳时常有人因游泳动作快而被冰缘划伤。跳水时遇到冰块，因为身体入水动作大，速度快，触到冰缘上极容易造成皮肤划伤的伤害。

说一说

1. 请你说一说冬泳时跳水的危险性。
2. 请你给大家介绍一下泳前健身操。

第四章 水中遇险,怎么办

第一节 水中抽筋,怎么办

1 为什么会抽筋

游泳时腿部抽筋多数发生在脚趾、脚弓及小腿后面的部位。可是为什么会抽筋呢?

★ 游泳前的准备活动不足,没有做足够的热身运动就突然跳到水里,过冷的水温就会刺激并使皮肤、肌肉的血管大量收缩,血流因而减少减慢,不能满足肌肉活动的需要,就会引起抽筋。

★ 在水中的停留时间过长,体内能量的不断消耗,令乳酸在肌肉内大量累积起来,导致肌肉疲劳,也能引起抽筋。

游泳时抽筋是很危险的,所以在下水前应先做好热身运动,然后再用冷水淋淋身体,让其适应水温后才下水去。

> **说一说**
>
> 1. 请你说一说游泳时为什么会抽筋。
> 2. 请你说一说下水游泳前用热水淋湿身体好,还是冷水淋湿身体好。

2 抽筋了,我有妙招

抽筋,也就是肌肉强直性的收缩。往往因过度疲劳、游泳过久或突然受冷水刺激造成。当发生抽筋时,应立即上岸擦干身体。如果在深水处或腿部抽筋剧烈,无法游回岸上,此时应沉着镇静、呼人援救,或自己漂浮在水面上,控制抽筋部位,往往经过休息抽筋肌肉会自行缓解,然后立即上岸休息。

◎腿肚子抽筋

腿肚子抽筋是最常见的,因为腿脚离心脏远,最易受凉,且易发生过度收缩。腿肚子抽筋时,先吸一口气,仰浮水面,用手指握住抽筋的脚趾,向身体方向用力拉动,另一只手压在抽筋脚的膝盖上,帮助膝关节伸直。如一次不能解脱,可连做数次。

第四章　水中遇险，怎么办

◎ 大腿抽筋

大腿抽筋时，先吸一口气，然后仰浮到水面上，弯曲抽筋的大腿和膝关节，再两手抱住小腿，用力使它贴在大腿上并加以颤动，然后用力向前伸直。

◎ 小腿或脚趾抽筋

用抽筋小腿对侧的手握住抽筋的脚趾用力拉扯，同时用同侧手掌压住抽筋小腿膝盖，尽量伸直小腿，反复按压拉扯，直到症状缓解。

◎ 手指抽筋

将手握成拳头，然后用力张开，张开后，又迅速握拳，如此反复数次，至解脱为止。

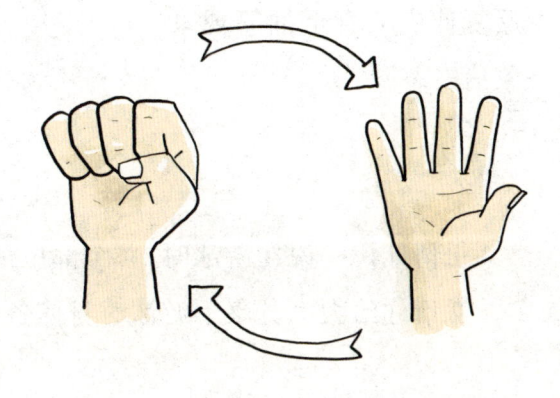

◎手掌抽筋

用另一手掌将抽筋手掌用力压向背侧并作振颤动作。

◎手臂抽筋

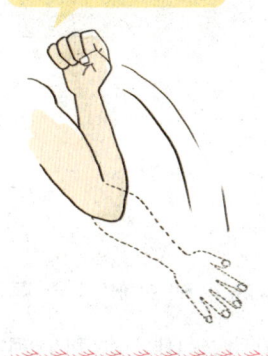

将手握成拳头并尽量曲肘,然后再用力伸开,如此反复数次。

◎腹直肌抽筋

腹直肌抽筋即腹部抽筋,发生抽筋现象时弯曲下肢靠近腹部,双手抱膝,然后向前伸直,反复伸展,直至抽筋现象消失。

说一说

1. 请你说一说在游泳时,哪个部位最容易抽筋。
2. 请你给大家分享下游泳时身体各部位抽筋应该怎么办。

3 怎样预防抽筋

★ 游泳热身

游泳前一定要做好暖身运动,充分做好泳前准备活动。游泳者如果从安静的状态直接进入水中游泳的状态,先后的身体温差变化较大,血液循环由缓慢到剧烈,身体的各个器官一时无法适应,特别是腿部的肌肉供血会严重匮乏,因而极易导致腿抽筋的现象发生。

因此,游泳者在下水前要充分做好热身运动,尽量把身体活动开,然后再下水游泳。这样能有效地促进血液流速加快、神经系统兴奋度提高,防止发生抽筋。

★ 保证充足的睡眠

在睡眠不足、过度疲劳、机体抵抗力降低的状态下去游泳,最容易引起抽筋,因而游泳前要注意保持充足的睡眠。

★ 身体有汗时切勿直接下水

游泳者如果在下水之前身体有汗,不能立即下水游泳。因为游泳池中水的温度远远低于我们人体的正常体温,如果大汗淋漓之时直接入水,会因为身体的表皮毛细血管突然受凉收缩变窄、变细,使得表皮的供血量急剧下降,因而导致腿抽筋的发生。

因此,当我们满身大汗时,先在游泳池边稍事休息,待身上的汗逐渐消退后再下到水中的较浅处,用水把身上的关节处撩湿,使身体逐渐适应水温,然后再进行游泳。

★ **增加体内热量**

游泳爱好者要多吃些肉类、蛋类食品,增加体内脂肪、蛋白质的摄入,还应多吃些甜食。特别在江河游泳,由于水温较低,更应注意多补充体内热量,才能预防游泳抽筋。

说一说

1.请你说一说在低温水域游泳时应该注意些什么。
2.请你给大家分享一下关于预防水中抽筋的顺口溜。

第四章 水中遇险,怎么办

第二节 身陷漩涡,怎么办

1 "吸人"的漩涡

夏天到了,大家喜欢到清凉的河中躲避夏季的炎热。然而,每到这个时候,溺水事件却频频发生,谁也不知道,这个夏天还会有多少生命因水而逝,尤其当游泳遇到了暗流漩涡时,就凶多吉少了。

案例警示

案例一:

　　遂川县正人红军小学"90后"教师胡升华和同伴一起到该县县城北坳陂游泳。在游泳过程中,发现小明从坝上滑下来之后便不见了踪影,当天水势较大,水流湍急,胡老师觉得小明可能有危险。便向大坝方向游去试图找到小明,隔了一会儿,胡老师看到小明已经被卷入了

119

大坝下面的漩涡之中,头朝下脚朝上不时翻滚,看上去无法控制自己,不一会儿又消失在漩涡之中。

胡老师赶紧一边奋不顾身地游向小明,一边向周围的人呼救,当他游到小明身边抓住小明的手时,已经是筋疲力尽了。神志尚清的小明紧紧抓住胡老师的手,另一只手也试图划动,但力量不足。胡老师拼命把孩子往堤岸拉,因水流较急,很难使上劲,明显力不从心了,特别是水底暗流涌动,双腿不听使唤地乱扭,原本水性较好的胡老师这才真切体会到水里救人的艰辛,这时的一分一秒都那么的难挨。危急时刻,旁边另一名小伙子给他们扔来一个救生圈,还有赶来的两名小伙子帮着把小明拉上了岸边。当胡老师游上岸时已经是眼前发黑,双腿酸痛打战,他趴在岸上不会游泳的同伴身上,过了很长时间才回过神来。

假如没有胡老师及时的救助,小明宝贵的生命就会被可怕的漩涡带走。

案例二:

在重庆市的一个湖泊附近,有人喊"救命",岸上的人赶紧寻找,看到离岸边100米处,一名妇女正在江水漩涡中挣扎。尽管女子身上套有游泳圈,但江水很急,随时都有淹没的可能。岸边一名小伙子见状,毫不犹豫地跳入江中,奋力游向漩涡。

第四章　水中遇险，怎么办

小伙子抓住溺水女子后，一点一点把她拉近岸边。20分钟后，脸色发青的溺水女子被救上岸后，已经昏迷。一些好心的市民又急忙对她采取人工呼吸等各种急救措施。十多分钟后，女子才慢慢苏醒。

> 这两个案例都是身陷漩涡，幸运地被救起来了，当然也有很多永远被漩涡带走生命的案例。

案例三：

小刚与另外两位小伙伴一块来到离村子不远处的黄河岸边。因为天热，几个孩子脱掉鞋子在岸边蹚水玩，当时河水只能没过膝盖。当天下午4点多，正在浅水区玩耍的小刚突然滑进深水区，很快没过头顶，与其同来的两位小伙伴试图抓住小刚，但是，河水很快就把小刚吞没。

救援人员接到报警后，赶到事发现场，展开积极救援，时间一分一秒过去，一直没有溺水少年小刚的踪影。直到当晚凌晨，才将小刚打捞上岸，遗憾的是溺水少年已经身亡。

据救援人员介绍，虽然小刚溺水处靠近岸边，但是，此处是一个漩涡，经过测试水面流速达到0.5米/秒，这样的流速，人一旦进入漩涡，根本无法保持身体平衡。黄河水面虽然看起来平静，但是，水面下往往有暗流，因此，不要轻易到河水中玩耍或者游泳，以防不测。

> 漩涡一般情况下是潜藏在水底的，有时肉眼无法观察到，但是一旦被漩涡"吸住"，就会极度危险，所以我们一定要远离漩涡，保护自己。

说一说

1. 请你给大家讲一讲你所见到的漩涡是什么样的。
2. 请你给大家说一说漩涡是怎么"吸人"的。

2 怎样逃离漩涡

※什么是漩涡

漩涡通常是流速较快的水流遇到障碍物时产生的,通常位于障碍物的下游。小漩涡不会导致伤害,而大漩涡则十分危险,大漩涡的危害在于首先它能把水中人拽入水底,如果人不能及时浮出水面将造成严重缺氧,其次是漩涡可以通过巨大的旋转能量把人撞在附近的障碍物上,导致严重的创伤,甚至造成意识丧失,这些都可致人死命。特别是人一旦不小心进入漩涡,想摆脱它则非常困难。

※快速逃离漩涡

◎ 尽量远离障碍物,由于漩涡多是障碍物造成,故接近障碍物(如水坝、河道突然变窄等)时应非常小心。

◎ 如果已经接近漩涡,应立刻放平身体俯卧浮于水面上,沿着漩涡边,用爬泳的方法借力顺势快速摆脱漩涡。由于漩涡边缘处吸引力较弱,不容易卷入面积较大的物体,所

第四章　水中遇险,怎么办

以身体必须平卧在水面上,切不可直立踩水或潜入水中。

◎ 如果不慎已经进入漩涡并被拽入水下,则应立即屏气,然后尽量蜷缩身体,双手抱头,尽可能避免要害部位撞在障碍物上。当旋转解除后立即在水下睁眼观察周围情况,并迅速划水使自己上浮。

神秘的漩涡

云南梯田的神秘漩涡

位于云南省元阳县哀牢山南部的元阳梯田,是哈尼族人留下的杰作。梯田充分利用水资源环境,形成了独特的灌溉系统。

不过,1989年的一个清晨,一个巨大的神秘漩涡突然出现在元阳梯田群中,短短几分钟,就把其中一块田中的水一卷而空,与它仅有一埂之隔的其他梯田却毫发无损。据说当时看到漩涡的人纷纷病倒、昏迷不醒。当地人认为漩涡的出现是水鬼作怪。

18年后,漩涡之谜才被揭开:这片梯田下很深处是喀斯特地貌,有一条裂缝在多年侵蚀中接近了这块梯田,最终在1989年那个清晨,延伸至地表,并形成巨大的漩涡,吸走了梯田里的水。淤泥马上掩盖了裂缝,因此没有在地面留下任何痕迹。

俄勒冈的魔力漩涡

如果你以为漩涡只存在于水中,那你就错了,陆地上不仅有漩涡,且更加神秘异常,"俄勒冈漩涡"就是最好的例证。

"俄勒冈漩涡"位于美国俄勒冈州格兰特山岭和沙甸之间,这里有一座歪斜程度可与比萨斜塔媲美的古旧木屋,走进去就会感到一股巨大的拉力把你拉向木屋中心,动物到了这里也会本能地回避。

在木屋里,任何成群飘浮的物体,如在小屋吸烟后上升的烟气、撒出的碎纸片……都会聚成漩涡状,就像有人在空中搅拌它们似的。

有科学家用铁链拴住一个13公斤的钢球,吊在木屋的横梁上,钢球立刻倾斜成某个角度,指向"漩涡"中心。不可思议的景象让任何人看了都忍不住怀疑自己是否到了外星球。

后来,科学家用仪器测定,发现这里有个直径约50米的磁力圈。而且磁力圈并非固定的,而是每9天沿圆形轨道移动一次。至于当地为什么会出现这种奇怪的磁力圈,科学家就无法解释了。

说一说

1.请问你还知道世界上其他著名的漩涡吗?

2.请你说一说身陷漩涡,该怎么办。

第三节 乘车溺水,怎么办

1 车辆落水时的特点

联合国卫生组织前不久的统计数字表明,全世界平均每年溺水而亡人数大约有50多万人。是不是大多数此类事故发生在远离岸边的狂风暴雨中?许多人往往认为这个问题的答案肯定的,但事实完全不是那么一回事,据统计,有很大一部分的死亡是因为落水车辆被困人员无法逃离困境而溺亡。

据有关试验表明:汽车无论什么原因落入江河湖海中,通常在水

第四章 水中遇险,怎么办

面漂浮的时候仅仅是 30 秒至 60 秒,因此当汽车落入足以淹没车辆深度,例如车辆掉进 4.5 米深的水中后,车内人员应该千方百计在第一时间内打开车门和车窗,以最快速度从车内逃出去是生死存亡的关键。

门窗紧闭的车辆落水后漂浮水面的时间显然长于门窗敞开的车辆,从而为车内被困人员提供较长的逃生时间。

发动机安装在前部的车辆,尤其是小汽车和客车,由于重心集中在前部,通常以陡直的角度落入深度在 4.5 米左右的水中后,以倒立的姿态竖立在水底,这对车内被困人员的逃生会造成极大的困难。

125

门窗紧闭的车辆不幸落入水中以后，由于车辆内外的压力相差很大，车辆门窗通常一时难以打开，等待车辆内的水压和车辆外面的水压持平的时候，换句话说，等待车辆灌满水后车辆的门窗才能被打开。

说一说

1.请你说一说哪些不正确的驾驶行为会使车辆落水。
2.请你说一说车辆落水后，紧闭的车窗为什么打不开。

2 争分夺秒地展开自救和他救

在逃生的过程中，环环相扣，容不得一丝慌张，越是危急时刻，越要告诉自己：冷静、冷静、再冷静！这种紧急时刻，我们要如何争分夺秒地展开自救呢？

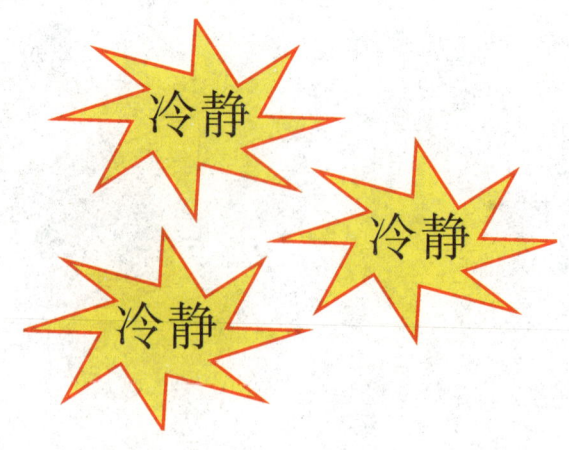

第四章　水中遇险，怎么办

自救

提前摇下车窗

驾车发现前方有湖泊、河流、水库，最好先把四个车窗放下来，很多车子没有"发动机进水，车窗自动下降"的功能，因此可以自己先把车窗摇下来，万一车子冲进水里，摇下的车窗就是逃生通道。

快速使用安全锤

安全锤不能放在后备厢，要放在车内随手可触及的地方，这样在遇到溺水情况下，可以用锤砸破车窗玻璃四角逃生。最好是有一把手柄比较长的逃生锤，锤子顶部尖尖的容易形成高压强，长力臂会使使用者事半功倍。

砸车窗也有位置的选择，一般应该砸向车窗的四个角，如果砸在车窗中心，按照力学原理，冲击力是被整个车窗分担的，作用力会降低，车窗玻璃不容易碎。

127

若无安全锤,则第一动作是开门游泳

绝对不建议待在车里等救援,绝大部分车辆落水,肯定会在水面上漂浮一定的时间,极少有车子一下子就没顶的。车子漂浮的几分钟甚至几十秒钟,就是自救的黄金时间。在没有安全锤的情况下,第一个反应动作,开车门。

这时候车门外的水压还比较小,打开车门的概率比较高,不推荐用脚踹门,因为踹会有反作用力,把人后推,门又会被水关上,推荐用膝盖顶住车门,用力往外顶,只要能顶出一条小缝,就有救了。

他救

确保自身安全的前提下,看见落入水中的窗门紧闭的车辆还没有完全沉入水中的时候,可以利用身边坚硬的物品,如石头、铁棍等用力把车辆后部玻璃窗砸破。

小心　正在下沉中的车辆窗门有一股不可忽视的、会对我们造成严重威胁的水流漩涡和强大的吸力,这股漩涡和吸力即使车辆下沉到水底的一刹那还存在。

第四章 水中遇险，怎么办

说一说

1. 请你给大家讲一讲车辆落水时，如何正确使用安全锤。
2. 请你给大家讲一讲为什么车辆在落水时会有漩涡。

3 暴雨天气车辆溺水自救五大误区

作为车辆使用的玻璃，尤其是挡风玻璃是极其坚固的，因为头枕的钢管头部并不尖锐，加上头枕本身重量有限，握持不便，在有限的时间和空间内砸碎车窗玻璃几乎没有可能，特别是在车辆突然溺水的情况下，网上流传的用头枕钢管破窗方法并不是很靠谱。

误区一：不需要专业工具，座位头枕可以砸开玻璃

对策：破窗工具要常备。与头枕比较起来，安全锤要实用得多。除了安全锤，车内可用的破窗工具还包括拖车钩、千斤顶和扳手等。

误区二：车内进水后比没进水时容易打开

因为即使车内进满了水，车外的压力仍在，车门仍然无法打开

对策：当车刚落水的时候，水还未淹过车窗时，水压最小，这时车门是可以打开的，应立即行动，逃离车内。此时还有一个很重要的工作，就是应立即完全打开车窗，特别是电动车窗。

因为车辆落水后，水会快速涌进车内，这个时候由于水压非常大，所以实际上车内的人是很难打开车门逃生的。

误区三 中控锁失灵时可以手动开车门

如果车辆因为涉水而导致熄火,这将使电子中控锁无法解锁,从而导致车门无法打开。如果这时想用手拔车销开车门基本是不可能的

对策:提前正确设置中控锁有助脱离危险。

误区四 车辆溺水有过程,可以有充分时间自救

发生慢性溺水过程时,很少发生人员伤亡。大部分人员伤亡的情况都是出现在车辆突然进入深水区,或井盖卡住车轮,让车无法动弹。如果车辆突然入水,且水已没过车轮以上,车辆一般都会因为浮力难以控制了。此时,应果断砸窗逃生。前车窗被淹没后,车内人生还的可能性就非常小了

对策:车辆溺水之时,万不可留驻车内待援,务必在第一时间弃车逃生。

误区五 车辆溺水时前后都一样

车辆落水后,由于车头引擎较沉,下沉速度要快于后座。

对策:尽量从后座逃生,如果是客车的话,应该从最近或最高的车窗逃生。

第四章　水中遇险，怎么办

说一说

1. 请你说一说车辆溺水前后的区别。
2. 请你说一说为什么车内进水后比没进水时容易打开。

第四节　掉入冰坑，怎么办

1 冰上事故多

在我国北方寒冷地区，当冬季来临和春季冰雪消融之际，冰面相对脆弱，经常会发生人员、车等落水事故。冰面的危险因素是由最薄的冰层厚度造成的，试想即便是很厚的冰层，如果有人曾经凿过冰窟窿，这样新形成的冰层就很薄，往往容易导致危险发生。

冰面的结构决定了其承受压力的程度，如果水质比较清洁、含杂质较少，结的冰就比较晶莹剔透，其结构就很稳定，不容易破碎、断裂。经实验测定，冰层的厚度在 150mm 以下时，冰面比较脆弱，容易发生冰上落水事故，只有冰层厚度在 150mm 以上时，冰面才是比较安全的，冰层平均厚度达

到 300mm 以上时，其承重能力可保证人员和小型交通工具在冰层上通行的安全。而在流动水域其结冰特点通常是先从浅水层的水域（如江、河等）开始，即先从江河的两岸开始结冰，然后随着气温的不断下降，结冰面逐步向江河的中心扩展，其冰层厚度逐步由厚到薄。

流动水域水情非常复杂，表面看似平静，但冰层却薄厚不一，在水流较急的地方甚至形成未冻结的狭长水沟，俗称清沟，春季气温转暖时，冰盖消融也会形成清沟，清沟附近冰层薄厚不均，在这种冰面上实施救援行动，很难确切掌握冰层的厚度。

各个湖面和河面面积大小不一样，各处冰层厚度也不一样，如果行人误踩在上面，冰面忽然塌陷的情况随时可能发生。大家尽量不要在冰面上活动，避免意外事故的发生。

案例警示

案例一：

在唐山某公园，4 名少年在冰面上嬉戏时不慎掉入冰窟窿，生命危在旦夕。六名热心游客听到呼救声后，立刻手挽手跪在冰面，搭起了一条生命线，进行营救。但是冰面太滑，再加上落水的三人拽在一起重力太大，冰上的六人往后一用力，不但拽不上落水者，自己的身体也朝

第四章　水中遇险,怎么办

冰窟窿方向滑去。六人或跪在冰面上,或蹲在冰面上,也只能让大家不再向冰窟窿里滑,落水者还是救不上来。就在大家无计可施的时候,一位六十多岁的老大爷手里拿着一根又粗又长的木棍冲向冰面,他将木棍交给冰上的人,一头递给落水者,终于众人将三人救起。

❋❋❋❋❋❋❋❋❋❋❋❋❋❋❋❋❋❋❋❋❋❋❋❋❋❋❋❋❋❋❋❋

案例二:

　　在荆州某江段的江滩边,两名小男孩不慎落入冰窟窿中,正在附近游玩的一群大学生发现险情后,迅速冲了过去,因为大多数人不会游泳,大家决定手拉着手组成人梯,伸向江上的冰窟窿救人。很快,一个名落水男孩被成功救上岸,另一名男孩则顺着人梯往岸边靠近。突然人梯中的一名大学生因为体力不支而松手,水中顿时乱成一团,呼喊声一片。正在不远处的冬泳队队员闻声赶过来施救,他们陆续从水中救起六名大学生,而另外三名大学生却消失在湍急的江水中。

为什么会发生冰上落水事故呢

▲ 从冰上行走通过造成的事故。有人为了抄近道、赶时间、图方便，尤其是较多人员一起从冰上行走或驾驶车辆通过时，最易导致坠江事故。

▲ 打鱼、钓鱼作业时发生事故。打鱼、钓鱼作业的人员一般为当地的居民，对水域情况比较了解，对水面结冰厚度情况也熟悉，但有时也会因为冰面突发情况而发生意外险情。

▲ 在冰上游玩造成的事故。当人员来到江面玩耍，尤其多人同时在冰面打闹、嬉戏时，冰面承载能力减弱使冰面局部破裂、塌陷，造成人员落水溺亡。

▲ 其他特殊原因造成的事故。如交通工具事故、自杀等造成的落水事故，由于落水者一般处于受伤或无知觉状态，救援难度较大。

说一说

1. 请你说一说当冰层达到多厚时，才可以在冰上玩耍。
2. 请你说一说为什么会发生掉入冰坑的事故。

第四章　水中遇险,怎么办

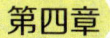

2　掉入冰坑后,自救与他救

冬季在冰面上行走时,一旦发生冰面破裂,我们应该如何自救呢?

★不要惊慌,保持镇静,要大声呼救,争取他人相救。

★用脚踩冰,使身体尽量上浮,保持头部露出水面。

★不要乱扑乱打,这样会使冰面破裂加大。要镇静观察,寻找冰面较厚、裂纹小的地点脱险,身体应尽量靠近冰面边缘,双手伏在冰面上,双足打水,使身体上浮,全身呈伏卧姿势。

★如果你不习水性,应迅速把头向后仰,口向上,尽量使口鼻露出水面,不能将手上举或挣扎,以免使身体下沉。

★及时甩掉鞋子和口袋里的重物,但不要脱掉衣服,因为它会产生一定的浮力,对你有很大帮助。

★如果有人跳水相救,千万不可死死抱住救助者不放,而应尽量放松,配合救助者把你带到岸边。

★双臂向前伸张,增加全身接触冰面的面积,一点一点爬行,使身体逐渐远离冰窟。

★离开冰窟口,千万不要立即站立,要卧在冰面上,用滚动式爬行的方式到岸边再上岸,以防冰面再次破裂。

我们学会了自救,如果是在冰面上发现掉入冰坑的溺水者,我们应该如何施救呢?

★如果看到他人在冰面落水,不要盲目跑向落水者,以防冰面破裂。最好先用绳子将施救者串联,然后找来木板等可以增大着力面积的物品铺在冰面上,使人可以趴在上面接近落水点。

★冰上的救援者不宜离破冰口太近,那里的冰层已经开裂,十分

135

危险。可将绳索、木棍等物品抛下去让落水者抓紧。

★如果需要下水，救援者要脱去厚衣服，以免衣服吸水后重量增大，从而制约自身的行动。

★将落水者拉出洞口前，要将破冰口用衣服等软物垫好，以防划伤。拉出落水者之后，要为其保暖，并尽快送往医院。

六 不

一、不私自踏冰滑冰；

二、不擅自与他人结伴滑冰；

三、不在无家长带领的情况下滑冰；

四、不到无安全设施、无救援人员的水域滑冰；

五、不到不熟悉的水域滑冰；

六、不熟悉水性的学生不擅自下水施救。

友情提示 遇到同伴溺水时避免手拉手盲目施救，要智慧救援，并立即寻求成人帮助。切实增强安全意识和监护意识。

说一说

1.请你给大家说一说防冰面溺水的"六不"。

2.请你说一说冰面落水，如何展开自救和他救。

第四章 水中遇险,怎么办

第五节 其他水中意外情况

1 误入深水区,怎么办

案例警示

案例一:

北京吉利大学的 10 余名学生,相约前往十三陵水库北岸大坝露营烧烤,几名男生想去水里游泳,不曾想其中一个男生误入深水区,再也没有出来。

案例二:

趁着周末的大好时光,一群少年高高兴兴地来到棋盘山秀湖游玩。那群孩子在湖边玩水,有两个小孩在水边摸鱼。玩得高兴了,就越走越远,结果误入深水区,溺水而亡。

后来听附近民众说,秀湖距离岸边 5 米左右的地方为浅水区,水深只到成年人腰部,但是再往里去,一下子就是深水区了,水的深度在 5 米以上,十分危险。

在不熟悉的水域游玩时,水的深浅以及水底的情况,有时不是我们肉眼看到的那样,有可能下面就是无底洞,一旦掉落进去,就再也出不来了。所以,在水边游玩的时候,一定要时刻注意周围环境,时刻不能放松安全意识,避免发生危险,乐极生悲。

误入深水区如何自救

自救技能一：浮泳

落水后如头部在水面上就立即用嘴深吸一大口气，当肺部充满空气时，人体在水中的漂浮力会增加。如果水不是太深的情况可以尝试站立，有可能水都淹不到你的嘴，这种情况你可以慢慢向岸边移动。

人在水中肺部有气会先浮起来，此时立即向岸边滑动，双脚做蛙蹬，双手做下压式滑动，用嘴吸气、用鼻呼气，防止呛水。

注意事项：不能将手上举或胡乱挣扎，以免使身体下沉。

自救技能二：水母漂

落水瞬间，人的大脑会一片空白，四肢不自觉地乱动，很多人拼命挣扎，大喊大叫。殊不知，这样浪费体力反而会导致溺亡。正确的做法是利用漂浮原理进行自救，其中最省体力的是"水母漂"式。

方法：深吸气之后，脸向下埋入水中，双足与双手向下自然伸直，与水面略成垂直，作如水母状之漂浮。当换气时双手向下压水，双足前后夹水，利用反作用力抬头，瞬间吸气，继续呈漂浮状态；如此在水中便可以持续很长的时间。

注意事项：练习水母漂浮时，身体应尽量放松，使身体表面积与水之接触面加大，以增加浮力；同时，应将双眼张开，以消除恐惧。另外，头在水中时，应自然缓慢吐气，不可故意憋气，以节省体力。

自救技能三：踩水

做法：身体保持直立，头颈露出水面，两手做摇橹划水助浮，两腿在水中分别蹬踏画圆。

自救技能四：利用漂浮物

如双脚够不到底且头部不在水面上，要立即屏住呼吸，尝试保持仰式，来加大漂浮的受力面积。同时丢掉身上的重物和鞋子，寻找附近可以借力物品来增加浮力。

注意：水草较多，要小心被水草缠绕住。

自救技能五：利用自身衣服

如果是天生"旱鸭子"可利用衣服自救。例如穿着长袖衣在水面吸气后低头将气由上衣衣襟吹入衣内，双手抓紧衣襟防止空气外泄可在衣服肩背部形成气囊。还可以将拉链、扣子完全扣上，一手将衣服下摆拉出水面，另一手将水花拍打至衣服内充气。

如果上衣无袖可利用裤子。漂浮姿势下拉裤脚或摆动双腿将裤子脱下，将裤管末端绑在一起，一手将裤腰提出水面，另一手向裤管内拍打水花，将空气充满裤管做成气囊，或者将裤管打结后，双手各抓住裤腰的一边，将裤子置于头后方，双手自头后方向前扑为其充气。

自救技能六：大声呼救

如果附近有人，制造声响和呼救，如果附近没有人，这时就要坚信人在水中是可以漂浮的，然后使用上面的自救方法寻求自救。

注意不要盲目呼救，岸边无人如依然大声呼救，容易呛水和加速下沉，因为肚子里的空气跑掉，人就会很快沉下去的。

友情提示：如有人跳水救助你时，要尽量放松点，不要盲目紧抱或拉扯住救护者，否则，会使拯救者离你而去，甚至会使你们两人同时丧命，应主动配合救助者以方便尽快把你带到岸边。

说一说

1.请你给大家讲一讲水母漂。
2.请你给大家说一说踩水自救法。

2 水草缠身，怎么办

江、河、湖、泊靠近岸边或较浅的地方，一般常有杂草，容易缠绕人体，游泳者应尽量避免到这些地方去游泳。如果不幸被水草缠住应采取下面的办法自救。

1.首先要镇静，切不可踩水或手脚乱动，否则就会使肢体被缠得更难解脱，而且会越陷越深。

2.用仰泳方式（两腿伸直、用手掌倒划水）顺原路慢慢退回。或平卧水面，使两腿分开，用手解脱。

3.如随身携带小刀，可把水草割断，或者试着把水草踢开，或像脱袜那样把水草从手脚上捋下来。自己无法摆脱时，应及时呼救。

4.摆脱水草后，轻轻踢腿而游，并尽快离开水草丛生的地方。

第四章　水中遇险，怎么办

案例警示

哈尔滨松北区的两名 16 岁男生，李某和王某在一个三角泡子里戏水，被水底的水草缠住，他们俩一边向岸边游一边呼救，李某使出全身的劲儿扑腾了半天，好不容易才够到水下的一块石头，借此回到了岸边，等他再回头的时候王某已经没了踪影。几个小时后，救援者将王某打捞上岸，但是已经没有了呼吸。

说一说

1. 请你说一说哪些水域会水草遍布。
2. 请你说一说如何摆脱水草的缠绕。

3　被鱼钩勾住，怎么办

很多人喜欢露营、钓鱼和野外活动，如果这些活动接近水边时，一定要严防意外落水。

在江河湖海等水域游泳时很可能被鱼钩刺伤。如果只有钩尖刺入，先轻轻将其退出，然后进行消毒、包扎即可。如果倒钩已刺入身体，千万不可硬拨。可先剪断鱼钩的连线，顺着鱼钩的弯势，尽量地向皮内继续刺入，使钩洒和倒钩从原刺入点相邻处露出皮肤，钳断倒钩的部分，再退出鱼钩，清创包扎后去医院处理。

说一说

1. 请你说一说在哪些水域容易被鱼钩勾住。
2. 请你说一说被鱼钩勾住怎么办。

第五章 科学施救知识

第一节 分辨和确认溺水者

1 真正的溺水是什么样的

我们在影视剧里看到溺水者总是双手乱挥、大声呼救，然后咕咕地吞水。真正的溺水可不像这样！

那真正的溺水是什么样子的呢？

案例警示

案例一：

周末下午，我和朋友约好了带孩子去游泳池游泳，孩子们在水里嬉戏，我们在岸边愉快地聊天，眼光时不时瞟一眼水里的孩子。忽然

第五章　科学施救知识

间，乐乐妈妈眼光异样地盯着泳池中央，大喊："乐乐，你还好吗？"

乐乐站在泳池里，头在水面外，眼睛是睁开的。我们三个妈妈同时站起来走到泳池边上，我这才看清楚，乐乐的眼睛是睁开的，但是似乎很迷茫的样子，身体是垂直的，虽然泳池很深，她很小，但是她身体好像是站着的，头在水外，很清醒的样子。

乐乐妈妈还在岸上焦急地喊着乐乐，但是乐乐还是没有回答妈妈。突然，我身边的盼盼爸爸跳进水里，飞速地游到乐乐身边，把乐乐抱出水面。乐乐猛地吐了一大口水，好像打嗝一样那么响亮，然后就开始大哭了。众人终于知道到底发生什么事情了。

泳池里实际上有好几家人，一个爸爸走到我们身边道歉说："对不起，我是离她最近的，但我真的不知道她到底出了什么事情，我是背对着她。没有听到任何呼救。到底怎么了？"

案例二：

水上有一艘崭新的海钓船，船长连衣服都没脱，就突然从甲板纵身跃入水中，快速游向一对夫妇。丈夫告诉妻子："我猜他以为你溺水了。"之前夫妇俩互相泼水嬉戏时，她曾尖声大叫。但这时他们只是站立在水深及颈的沙洲上而已。

143

"我们没事啦！"丈夫大叫，挥手叫船长不用过来，但船长还是拼命游过去，一边大喊："让开！"原来就在3米外，夫妇的9岁女儿已经溺水。小女孩一被船长抱出水面，立刻大声哭喊起来。

为什么船长从15米外就能看出女孩溺水，而近在3米旁的父亲却一无所觉？原因是船长受过专业训练，加上多年经验，能辨别什么样的情况是溺水；而那位父亲对溺水的印象都是来自电视。安全专家指出，溺水者并不像多数人以为的那样，会猛烈拍水求救；相反的，溺水几乎总是悄然发生。

说一说

1.请你说一说你所见到的溺水是什么样的？
2.请你说一说你身边的溺水事故。

2 溺水者八大无声迹象

迹象一：溺水者不会呼救

他们必须先能呼吸，才能说话。一个人溺水时，嘴巴会没入水中再浮出水面，中间没有时间呼气、吸气，加上呼救。

第五章 科学施救知识

迹象二：溺水者无法挥手求救

溺水者会本能地将双臂伸到两侧，向下压，好让嘴巴浮出水面，小孩则可能会将手臂前伸。总之，他们根本无法划水朝救援者移动，或把手伸向救援设备。

成人　　小孩

迹象三：溺水者在水中是直立的

溺水者在水中是直立的，没有踢腿的动作，他们只能挣扎 20~30 秒，之后就会沉下去。

迹象四：溺水者眼神呆滞

溺水者眼神呆滞，无法专注或闭上眼睛。

迹象五：头发可能盖在额头或眼睛上

迹象六：头在水中，嘴巴在水面

溺水者头在水中，嘴巴在水面；可能头后仰，嘴巴张开。小孩的头则可能前倾。

成人　　　　小孩

迹象七：看起来不像溺水

溺水最重要的迹象就是看起来不像溺水，他们看起来可能只是抬头在看天空、岸际、泳池边或码头。这个时候你要问："你还好吗？"如果他们能回答，大概就没事。如果眼神涣散，可能只有不到半分钟的时间救他们一命。

迹象八：小孩戏水是否发出声音

小孩在戏水时会发出很多声音，当发现孩子安静无声时，就该去看看怎么回事。

案例警示

澳大利亚昆士兰，一个刚学游泳、仅25公斤重的8岁男孩居然在自家游泳池里救起差点溺水身亡、体重达130公斤的父亲。

那天下午五点半左右，卡梅伦穿着救生衣在游泳池里戏水，不料他意外踹了父亲头部一脚，37岁的父亲一下子就被击懵了。他在半昏

第五章　科学施救知识

迷状态下挣扎着试图游到水池边,但是,头就是抬不出水面。卡梅伦见此情景赶紧过去帮忙,在把父亲拖到水池边台阶的这个过程中,他尽力让父亲的头露出水面,最后终于把父亲拉出水池。

在发现父亲昏厥过去后,卡梅伦反应敏捷,立即给他做了从电视上看到的人工呼吸。

"他差点死了,"卡梅伦说,"我把他的脚抬出水面,然后给他做嘴对嘴人工呼吸并不时地压他的胸。然后,爸爸就会动了,我便大声叫我妈妈。我吓坏了,以为他要死了。"

其实,这个男孩平时怕水,他表示要救父亲就得克服这些恐惧。

"我们曾让他看过游泳的安全知识卡片,"卡梅伦的父亲说。他夸赞儿子在整个事情处理过程中非常镇静。

可见,学习救生知识是很重要的,在保护自己的同时,也可以救助他人。

说一说

1.请你说一说哪些迹象表明人可能溺水。
2.请你说一说溺水的时候人为什么无法闭上眼睛。

第二节　救援前的准备

1 救援者树立"自保"意识

世界卫生组织年度报告中指出,全世界每年有45万人死于淹溺,其中过半数发生于15岁以下儿童。此外,当同伴落水时,不正确的施救方式也是增加淹溺死亡人数的一大原因。

所有的救援者都应该明白一个道理:救援者自己的安全必须放在首位,只有首先保护好自己,才可能成功救其他人。否则非但救不了人,还有可能葬送自己的生命。

生命对每个人来说都只有一次,而且生命是平等的,必须摒弃以前提倡的"舍己求人"的论点,提倡"保己救人",在自己的生命安全得到安全保障的前提下才能去救助别人。

我们应该怎样做到在"自保"的前提下去救人呢?

★与落水者充分沟通

救援者首先要与落水者进行充分的沟通。沟通的方式可以通过大声呼唤,也可以通过手势进行,可以告知落水者这样的内容:告诉落水者救援已经在进行,鼓励淹溺者战胜恐惧,要沉着冷静,不要惊慌失措,放弃无效挣扎;还可以告诉落水者自救的方法,如向下划水的方法、踩水方法、除去身上的重物等;同时还要告诉落水者听从救援者的指挥,冷静下来配合救援,这样才能实施有效的救援。

第五章 科学施救知识

案例警示

在河南洛阳牡丹桥上,有一名李姓男子准备跳河自杀。岸边有个王姓男子见状马上脱掉衣服,翻过栏杆看准落水者,在离他十米左右的地方跳下。

李姓喝醉了酒,在水中胡乱挣扎,救人的王姓男子只好绕到他的背后,抓住他的衣服,把他往岸边拖(离岸边400米左右),让他面朝上。刚拖出30米左右,他用力甩开救援者,并在水中用脚踹救援者,还让救援者别救他,救援者只好再次潜水绕到他的背后抓住他,往岸边拖。由于李姓男子的不配合,他和救援者在水中反反复复持续了大约十分钟。这个时候救援者几乎筋疲力尽,幸亏来了一艘救生快艇,才把救援者和落水的李姓男子救起来。

假如救生快艇没有及时赶来,那么又将是什么样的后果呢?

所以,得不到落水者配合的救援不但很难成功,还可能增加救援者的危险。因此救援者首先要与落水者进行充分的沟通,这一点十分重要。

★尽可能呼唤多人参与救援

救人者的数量越多,力量就越大,同时还可以相互照应,提高救援的安全性。因此发现有人淹溺时,应该尽可能地多叫人来参与救援。除非万不得已,应该尽量避免单独救人,以免发生不测时,无人帮助。

★不要盲目下水

水下可能有很多我们未知的因素，比如水草、尖锐物体、鲨鱼等，所以即使非常会游泳者也不要盲目下水。像发生在葡萄牙的一个悲惨故事：一群孩子在葡萄牙某海滩游泳时发生意外，当时很多家长和游客立即跳入海中去救这些孩子，但是海边风浪很大，有4名家长不幸遇难。

★不会游泳千万不要下水

有些人明明知道自己不会游泳还要跳下水去救人，这样其实不但救不了落水者，还会把自己宝贵的生命也搭进去，付出惨痛的代价。其实岸上营救有很多种办法，对于不会游泳的人来说，可以高声呼叫或者采用其他的岸上救助方法。

★发生意外，停止救援

救援时发生意外情况，应该及时停止救援。如果在救人时，感觉自己很疲惫、头晕眼花等之后，应该立刻放弃救援，千万不要继续勉强救人，以免葬送自己的生命。

第五章　科学施救知识

★ 禁止儿童下水救人

无论儿童是否会游泳，他们的心智和体力都无法去救援落水者。

★ 充分准备和利用救援物品

救援物品有哪些呢？救援物品包括救援所用的绳索、救生圈、救生衣和其他漂浮物，如汽车内胎、木板之类的物品。良好的救援装备能使救援工作事半功倍地完成，我们可以学会就地取材，寻找并且利用这些物品，效果要比徒手救援好得多。特别是不熟悉水性的救助者，最好携带救生圈、绳索等有自我保护功能的工具，这样既提高了救援效率，又保障了救援者的安全。

说一说

1.请你说一说怎么做才能既保护自己的生命又能救助他人的生命。
2.请你说一说救援时发生意外怎么办。

2 及时呼叫专业救援人员

专业救援人员的技能和装备是一般人所不具备的,因此发现落水人员后,应该立即呼叫专业救援人员,让他们尽快到达落水现场,参与急救以及上岸的抢救工作。

★在水的情况复杂或有危险的水域,如湍急的河流、水下有危险生物、严重低温等,都应该呼叫带有特殊设备的专业人员。

★落水者如果未被及时救出,入水时间超过5分钟就需要呼叫专业医疗人员进行支援。

★淹溺者如果患有疾病,被救起来后注注需要专业的医疗支援。很多溺水者在被救起来后都有某些并发症,所以只要发生了真正意义上的淹溺,事后都需要去医院接受进一步的检查,同时也可以预防干性溺水。

说一说

1.请你说一说你见过的专业水上救援设备。
2.请你说一说呼叫专业人员的方式。

第五章 科学施救知识

第三节 岸上紧急施救

1 伸手救援

伸手救援,顾名思义就是指救援者直接向落水者伸手,将其拖拽出水面的救助方法。适用于救援者和落水者的距离伸手可及,并且落水者的意识还比较清醒。值得注意的是,此类救助存在很大的风险,稍加不慎,就会被落水者拽入水中。

操作方法及注意事项

★ 救援者首先侧身站在比较稳固的平面坚固物体上,并且确认自己站稳后才可救援,特别要避免正向面对落水者,同时还要防止脚下可能发生的打滑现象,以免被落水者拽入水中。

★ 当牢固抓住落水者后,救援者要缓缓回拽,千万不要生拉硬拽,以免造成伤害。拉落水者时,救援者务必尽量降低自己的重心,最好趴在地上或能用另外一只手抓住比较坚固的物体,如树干、石头等,确认自己站稳后才可伸出手让落水者握住,然后将其拉出去。如果距离稍远,伸手达不到时,可以用脚去施救,这样可以增加施救的距离。一旦确认

153

落水者牢牢抓住救援者的脚时,立刻将其拖上岸。

★ 如果救援者所站的地方很容易打滑,此时应该先将自己固定在大树或者坚固的岩石上,然后再伸手救援。

注意:如果是在风浪比较大的河中或激流中救人,就不能采用这种方法,因为人的力量有限,遇到激流或大风大浪的时候,往往无法握住他人的手,由此可能会造成更多的人落水。

说一说

1.请你说一说伸手救援的必要条件。
2.请你说一说可以无条件手拉手救人吗?

2 借物救援

借物救援,就是指借助某些物品把落水者救出水面,适用于救援者距离落水者的距离比较近,同时落水者的意识还比较清醒。

操作方法及注意事项

★ 救援者应该尽量站在远离水面,同时又能触及淹到溺水者的地方,将木棍、竹竿等物品送至落水者的前方,并要告知其要牢牢抓住。此时,应该避免坚硬的物体给落水者造成伤害,应该从落水者的身侧横向交给落水者。

★ 在确认落水者已经牢牢握住竹竿等物时,救援者才能把落水者拉上岸。

第五章 科学施救知识

★ 在拽拉过程当中,救援者如果突然失去重心,应该立即放开手,以免被落水者拉入水中。尽管救援者丢失了竹竿等物,但是避免了落水,保障了自己的安全。此时应该再想其他的办法。

说一说

1. 请你说一说哪些物品可以作为救援的工具?
2. 请你说一说借物救援应该注意些什么?

3 抛物救援

抛物救援是指向落水者抛投绳索或者其他漂浮物,如救生圈、救生衣、木板等物品的救生方法,这种救生方法适用于落水者与救援者距离较远,并且无法接近落水者,同时落水者还有清醒的意识的情况下。

155

操作方法及注意事项

★ 抛绳索时要在绳索前面系上重物,如衣服之类的,切不可绑石头或其他特别锋利的物品,以免砸伤落水者。此外,在投掷绳索等物之前,还应该大声呼唤,与落水者沟通,让他知道并且能够抓住绳索之类的救生物。

★ 抛投物应该抛至落水者的前方,以便落水者更好地抓住抛投物,以免多次投掷,浪费宝贵的救援时间。

★ 所有的抛投物,最后都与救援者、绳索相连,这样有利于尽快把落水者救出。

此时应该注意,救援者此时应该降低重心,重心向后,站稳脚跟,以免被落水者拉入水中。

说一说

1. 请你说一说哪些物品可以抛出去救人。
2. 请你说一说抛投物品救人时应该注意些什么。

第五章 科学施救知识

第四节 下水救援

1 下水需三思

下水救援也可以叫作游泳救援，这其实是最危险的，最不得已而为之的救援方法，只有当伸手救援、借物救援、抛物救援等都不可行的时候，才能下水救援。

案例警示

案例一：

六名初中生在东莞东江边玩耍，其中两名男生不慎落水，一名男生立即跳入水中救人，但不幸一同沉入。在附近钓鱼的王哲听见呼救声，立马下水救人，不一会儿，他已经成功救起其中一名落水学生，但当他再次跳入水中救其他落水的学生时，却因为体力不支，很快沉入水中，不幸溺亡。

案例二：

辽宁省葫芦岛市建昌县8个孩子为避暑而去山村一个水坑野泳，其中7个孩子在水中玩耍时出现意外，在岸上的同伴鞋子衣服没脱就下水救人，结果因为水底淤泥水草太多，最终也没能活着上岸。

157

案例三：

　　一名 14 岁女孩救一位不慎落水小男孩，小男孩被救上来，但这名女孩却沉入水中，在附近女孩的父亲和伯父赶忙上前施救，可能由于不识水性，相继落水身亡。

> 救人有风险，下水需谨慎，并不是每一个人都可以救起来，要先确定自己的生命安全的前提下，才可以下水去救人，要不然后果会更加严重。

说一说

1. 请你说一说你身边的下水救人的故事。
2. 请你给大家讲一讲下水救人的前提是什么。

2 下水救人注意事项

1. 下水救援最关键的不是立马去救人，而是先要考虑自己是否会游泳，自己的体力以及身体情况，如果自己觉得能力不行，千万不要贸然下水，否则不仅救不上来人，自己也会因此而失去宝贵的生命，造成双重的不幸。

2. 最好有多人同时下水营救，这样既可以在水中相互帮助，又能提高救人的效率。

3. 下水救援前，尽可能脱掉衣服鞋袜，穿上救生衣，并携带好救生

第五章　科学施救知识

圈、木棍或者绳子等物品给溺水者使用,这样可以降低救援的难度。

为什么要脱掉衣服鞋袜?

★外套一般都比较宽松,在水里宽松的衣服兜水阻力大,要是厚外套那就更麻烦,吸满水你都游不动了,更别提救人。

★防止宽松的外套挂到水里的一些杂物上,造成危险。

★穿外套的季节,气温肯定是不高的,救完人从水里出来会冷,有一件干外衣及时穿上防止感冒。

4.救援者尽量从背面接近溺水者,用一只手从溺水者的胳膊下面插进去,握住溺水者对侧的手,也可以拖住溺水者的头部,用仰泳的方式拖向岸边。如果溺水者已经沉到水底,救援者应该潜入水底接近,然后由背后将溺水者拖出水面。

注意:往回拖拽溺水者的时候,要尽量使他的头和面部露出水面,以保证氧气供给。

159

温馨提示：溺水者在水中挣扎时，因为慌乱，对人们递过去的救生器材，很可能不会去抓，或者抓不到。你下水救人时，一定要注意，最好不要用托举法。频繁地将溺水者托上水面，极其容易消耗体力。即使将落水者救上了岸，自己也很可能因为体力不支而上不来。

建议采取拖带法，将溺水者拖带到合适的地方上岸。

5.淹溺者为了求得生存，会拼命挣扎，见到附近的人与物会出自本能地去抓抱，以求得呼吸，而且出于人求生的本能，一旦抓住这个人或者物体后，就再也不会放手了。所以救援者要绕开溺水者的正面，从其背后来进行救援。

6.应该在现场创造足够多的后续支持条件，比如说增加人力，寻找专业救援人员，报警等等。有时会出现有人下去施救，其他的人都去找救生圈等物品，岸上没有人接应，这样即使落水者被救出，也浪费了很多宝贵的急救时间。

说一说

1.请你说一说为什么下水救人的时候不能从溺水者的正面去施救。

2.请你说一说为什么不能长时间采取托举法下水救人。

第五章　科学施救知识

第五节　救生工具

在溺水的时候,我们发现施救者会利用周边的一切可以利用的物品来进行救援,比如一根长棍子、一件旧衣服或者是一根绳子等等,下面主要给大家介绍我们在救援过程中经常见到的几种救生工具。

1 正确选择救生圈

案例警示

案例一:

江苏的李先生带着孩子去游泳馆时遭遇惊魂一幕,套在3岁宝宝身上新买的游泳圈竟然漏气,导致孩子在水中不断起伏,孩子的头数次被泳圈压得没入水面,所幸李先生救助及时,否则后果不堪设想。

案例二:

在厦门海边,退潮时的浪,将姐弟俩共用的充气式游泳圈打翻,弟弟瞬间失去依靠后被潮水卷走。不会游泳的父亲下水救援,父子俩双双溺亡。

161

疑问 为什么他们都用了游泳圈，但还是发生了意外呢？

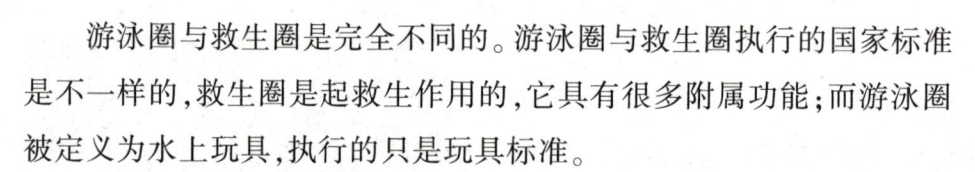

游泳圈与救生圈是完全不同的。游泳圈与救生圈执行的国家标准是不一样的，救生圈是起救生作用的，它具有很多附属功能；而游泳圈被定义为水上玩具，执行的只是玩具标准。

与真正的救生圈相比，游泳圈重量太轻，很难准确投掷，容易破损漏气，抗压能力很差，极易爆裂；塑料表面遇水湿滑，较难抓握。

温馨提示 游泳圈只适合在游泳池的浅水区域使用。而如果到深水区、水库、海边游泳的话，最好使用救生圈，毕竟安全性较高。即便游泳时遇险，只要紧紧抓住救生圈，可以保证不会下沉，为救援争取时间。

第五章 科学施救知识

什么是救生圈

救生圈是指水上救生设备的一种,通常由软木、泡沫塑料或其他比重较小的轻型材料制成,外面包上帆布、塑料等。供游泳练习使用的救生圈也可以用橡胶制成,内充空气,也叫作橡皮圈。

救生圈长什么样

◎ 救生圈外表颜色应为橙红色,且无色差。

◎ 救生圈表面应无凹凸、无开裂。

◎ 沿救生圈周长四个相等间距位置,应环绕贴有 50mm 宽度的逆向反光带。

◎ 救生圈外径应不大于 800mm,内径应不小于 400mm。

◎ 救生圈外围应装有直径不小于 9.5mm、长度不小于救生圈外径四倍的可浮把手索。此索应紧固在圈体周边四个等距位置上,并形成四个等长的索环。

◎ 救生圈重量应大于 2.5kg。

说一说

1. 请你说一说游泳圈与救生圈的区别。
2. 请你说一说救生圈有什么用。

2 学会穿着救生衣

什么是救生衣

救生衣又称救生背心,是一种救护生命的服装,设计类似背心,浮力材料或可充气的材料,反光材料等制作而成。

一般使用年限为 5~7 年,是船上、飞机上的救生设备之一。一般为背心式,用泡沫塑料或软木等制成。穿在身上具有足够浮力,使落水者头部能露出水面。

怎么穿着救生衣

第一步:将救生衣套在颈上,把带有口哨的长方形浮力袋子放置胸前,双手拉紧前领缚带,缚好颈带。

第二步:将缚带向下收紧,再向后交叉。

第五章　科学施救知识

第三步：将缚带拉到身前，把缚带穿过扣带环扎紧。

第四步：穿好后检查每一处是否系牢。

穿着救生衣应该注意些什么呢

★ 穿着前，先检查救生衣浮力袋、领口带、腰带等是否有损坏。

★ 穿着时要注意将配置了救生衣灯、反光膜的一面穿在外面，以发挥求救作用。

165

★ 要将带子打死结，扣子要扣牢。

温馨提示

※ 救生背心应尽量选择红色、黄色等较鲜艳的颜色，因为一旦穿戴者不慎落水，可以让救助者更容易发现你。

※ 在救生背心上应该有一枚救生哨子，以让落水者进行哨声呼救。

案例警示

家住四川省的学生小王，与亲属一同前往风景名胜区游玩。在划竹筏途中，他脱掉了救生衣，拍了几张照片之后没有再将救生衣穿好。当竹筏离岸边 5 米左右时，小王不小心落水，因未穿救生衣，最终不幸溺亡。

说一说

1. 请你说一说怎么穿着救生衣。
2. 请你说一说穿着救生衣时，应该注意些什么。

第五章 科学施救知识

第六节 人工呼吸

1 "倒立控水"是否科学

案例警示

案例一：

13岁的女孩王梦珂落水黄河中，很快有人把她打捞上来，几个乡亲把她倒提起来，用土办法在对她进行救治，水和食物残渣随着她的嘴角流出。闻讯赶来的河南电视台女记者用手机向120请教人工呼吸的办法，为王梦珂做起心肺复苏术，直到120急救人员赶到，急救人员说是心肺复苏术救了这个女孩。

案例二：

在响水老舍红旗村境内一名5岁的男童不幸溺水身亡。第一个发现男童出事的是男童的奶奶，事发前奶奶和爷爷发现男童不见了，就让亲戚和邻居到处找，最终奶奶在离家仅几十米

远的小池塘里看到男童漂在河面上，于是立即把男童打捞上来施救，但是很遗憾，没有人会心肺复苏术去施救，而是选择把男童头朝下倒过来控水，现场有人拨打了120，即便120以最快的速度赶来现场，孩子已经没救了！

当120的急救人赶到现场确认死亡之后，爷爷还是不放弃仍然抱着希望把男童头朝下倒过来，希望奇迹出现！

这两个案例中都出现了一种民间溺水急救法"倒背溺水者控水"。而专家却呼吁大家应该按照"清理口鼻异物""人工呼吸"的方法进行急救。到底谁对谁错？咱们用事实来证明！

用水瓶来模拟人体的气道和肺进行示意实验。由于人体呼吸道最狭窄的地方叫作声门，它控制着气体与液体的出入，而该瓶口的洞口大小与成人人体的声门大小类似。通过实验发现，给溺水者施加一定的外力后，出水量明显加大，实验共计花费了1分钟才将水瓶中的水排空。

而成人的肺容量是瓶身的3至4倍，可想而知，通过倒立控水的办法在很大程度上会延误救助溺水者的黄金时间。

很多的溺水者仍然残存有一半的肺功能，这一半的肺功能足以让施救者为其人工呼吸，进行气体交换。一部分溺水者是干性溺水，也就是在溺水初期，气道和声门的挛缩使得水并没有进入

第五章 科学施救知识

到肺内,而只是因为水导致的窒息从而引起缺氧,这类溺水者根本不需要去进行控水。无论是在医学上还是在实际的救援上,倒立控水均不可取。倒立控水还有可能给救助带来风险。

因此,倒立控水是一个不可取的方法。

说一说

1.请你给大家证明为什么倒背控水不科学。
2.请你给大家讲一讲溺水者初期的状态。

2 怎样做人工呼吸

如果溺水者有心跳,但无呼吸,应立即对溺水者实施人工呼吸,我们可以先来了解人工呼吸的原理以及操作方法。

人工呼吸的原理

人工呼吸是指用人为的方法,运用肺内压与大气压之间压力差的原理,使呼吸骤停者获得被动式呼吸,获得氧气,排出二氧化碳,维持最基础的生命。

人工呼吸的方法和步骤

心肺复苏术

这是恢复有效循环的关键性抢救操作,可供给脑活动所需要的最低血流量,避免脑继续受缺氧的损害。

■ 溺水者仰卧位,救护者双手掌根重叠(但两手不得交叉)按压溺水者胸骨中下 1/3 交界处。

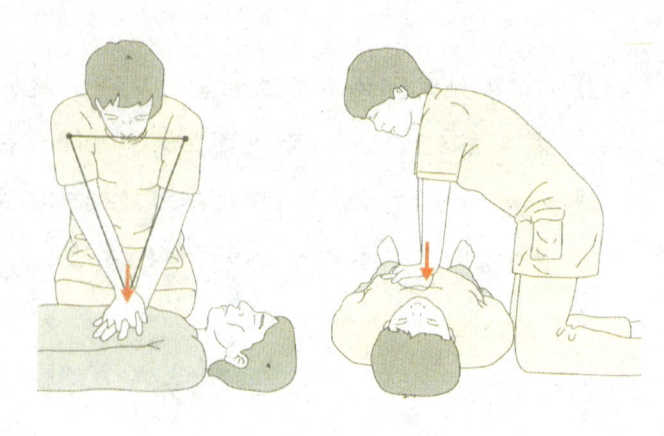

■ 救护者借用躯体力量,双臂垂直按压胸骨,然后迅速放松,掌根始终贴附于溺水者的胸骨,有节奏地反复进行。频率为 100 次/分,按压时间与放松比例为 1:1,按压胸骨下陷深度为 4~5 厘米。

口鼻吹气法

此法操作简便容易掌握,而且气体的交换量大,接近或等于正常人呼吸的气体量。对大人、小孩效果都很好。操作方法:

■ 溺水者取仰卧位(即胸腹朝天)。

■ 首先清理溺水者呼吸道,保持呼吸道清洁。

第五章 科学施救知识

■ 使溺水者头部尽量后仰,以保持呼吸道畅通。

■ 救护人站在其头部的一侧,自己深吸一口气,对着溺水者的口(两嘴要对紧不要漏气)将气吹入,造成吸气。为使空气不从鼻孔漏出,此时可用一手将其鼻孔捏住,然后救护人嘴离开,将捏住的鼻孔放开,并用一手压其胸部,以帮助呼气。这样反复进行,每分钟进行14~16次。

俯卧压背法

此法应用较普遍,但在人工呼吸中是一种较古老的方法。由于溺水者取俯卧位,舌头能略向外坠出,不会堵塞呼吸道,救护人不必专门

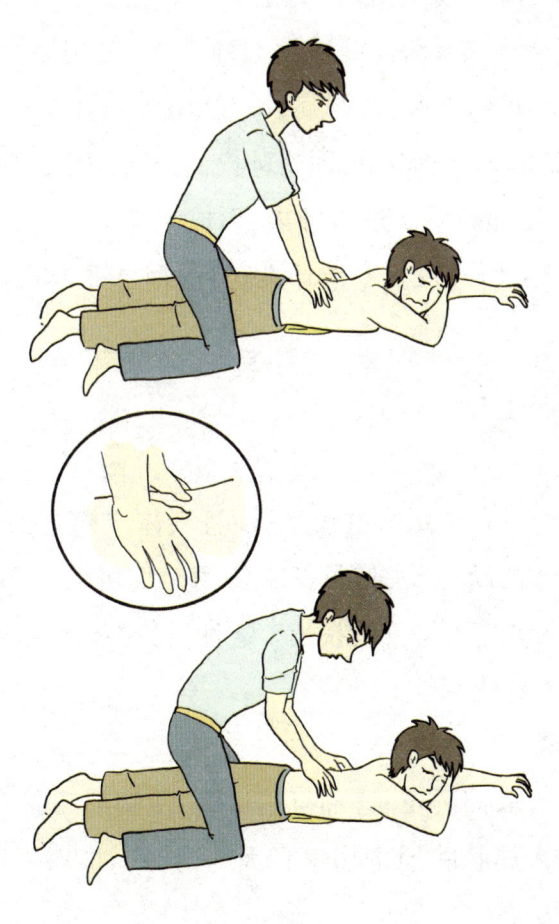

171

来处理舌头,节省了时间,能及早进行人工呼吸。气体交换量小于口对口吹气法,但抢救成功率高于下面将要提到的几种人工呼吸法。目前,在抢救触电、溺水时,现场还多用此法。但对于孕妇、胸背部有骨折者不宜采用此法。

操作方法:

■ 溺水者取俯卧位,即胸腹贴地,腹部可微微垫高,头偏向一侧,两臂伸过头,一臂枕于头下,另一臂向外伸开,以使胸廓扩张。

■ 救护人面向其头,两腿屈膝跪地于溺水者大腿两旁,把两手平放在其背部肩胛骨下角(大约相当于第七对肋骨处)、脊柱骨左右,大拇指靠近脊柱骨,其余四指稍开微弯。

■ 救护人俯身向前,慢慢用力向下压缩,用力的方向是向下、稍向前推压。当救护人的肩膀与病人肩膀将成一直线时,不再用力。在这个向下、向前推压的过程中,即将肺内的空气压出,形成呼气。然后慢慢放松回身,使外界空气进入肺内,形成吸气。

■ 按上述动作,反复有节律地进行,每分钟 14~16 次。

仰卧压胸法

此法便于观察溺水者的表情,而且气体交换量也接近于正常的呼吸量。但最大的缺点是,伤员的舌头由于仰卧而后坠,阻碍空气的出入。所以作本法时要将舌头按出。这种姿势,对于淹溺及胸部创伤、肋骨骨折伤员不宜使用。

操作方法:

■ 溺水者取仰卧位,背部可稍加垫,使胸部凸起。

■ 救护人屈膝跪地于溺水者大腿两旁,把双手分别放于乳房下

第五章　科学施救知识

面(相当于第六七对肋骨处),大拇指向内,靠近胸骨下端,其余四指向外。放于胸廓肋骨之上。

■ 向下稍向前压,其方向、力量、操作要领与俯卧压背法相同。

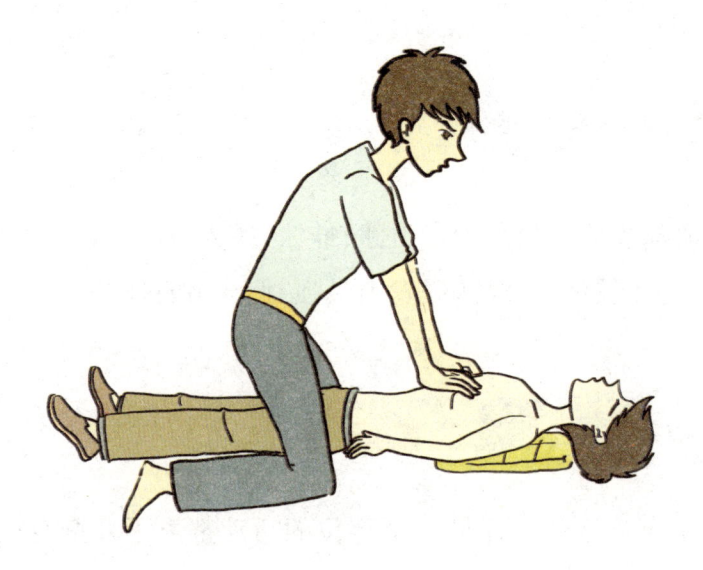

说一说

1.请你说一说人工呼吸的几种方法。
2.请你给大家讲一讲在做人工呼吸前,应该做些什么。

173

附录：一起来学游泳吧

泳姿类型及其动作分解

常见游泳姿势一般分为自由泳、蛙泳、蝶泳和仰泳。自由泳速度最快，蛙泳姿势比较优美，蝶泳爆发力最强，仰泳最省体力。

自由泳

游泳是全身运动，任何一个部位的活动都离不开全身的协调配合。从表面上看，自由泳依靠划水和打腿产生推进力，实际上，躯干的作用也不能忽视。

首先，躯干应保持一定的紧张度，腰部如果松软，整个人就像一摊泥一样。其次，身体的转动能够有效地发挥躯干部大肌肉群的力量，减少阻力，提高工作效果。

自由泳臂部动作要领

1. 入水

手臂在空中完成移臂之后，大臂内旋，使肘关节处于最高点，手指伸直并拢，掌心斜向外下方，指尖自然触水，接着是小臂，最后

大臂自然插入水中。

2.抱水

完成入水之后,手掌掌心开始由斜向外下转为斜向内后,逐渐弯手肘、弯曲手腕,手肘始终高于手臂,为下一步的划水做好准备。

3.划水

抱水完成之后,手臂配合肩膀的旋转,大臂内旋,带动小臂,弯曲的手臂逐渐往大腿方向伸直划水,掌心由斜内下方转为斜内上方,从下往上划水至大腿。

注意:划水是提供向前滑行的最主要、也是最关键的动力,不仅要划水有力,而且更要充分发挥推进作用。

4.出水

划水至大腿之后,掌心转向大腿,手指向上先划出水面,稍微弯曲手肘,手臂放松,大臂带动小臂,上提手肘部位,掌心转为后上方,整个出水过程必须连贯不停顿,并且快速。

5.空中移臂

完成出水之后,手肘处于上提状态,此时手肘高于手臂,向身体前方移臂,手有些感觉像要插入水的动作,进入下一个入水动作的准备。

自由泳腿部动作要领

1.自由泳腿部的打水动作,虽然也有一定的推进作用,但主要是起到保持身体的平衡。

2.膝盖自然弯曲,但不能弯曲太大,这样的话小腿打水就显得不够力,而且加大了前进的水阻力,看不到打水时的水花;如果绷紧,伸得太直,会让腿部肌肉过于紧张,太累,而且水花也大,最佳状态是弯曲160°。

3.尽量放松脚踝,绷直脚尖,大腿带动小腿打水,腰部以下用力,上半身保持不动,这样打水才有力度,而且不会左右晃动。

自由泳换气技巧

1.要领

一般是划臂两次(即左右臂各自划水一次),呼吸一次,腿部打水六次。

2.呼气

右手入水之后,此时头部面向左下方,口鼻在水中慢慢呼气,随着右手臂划水到肩下的过程,头部慢慢转向右下方,同时口鼻加大呼气量,直到右手臂即将划出水面时,用力呼气。

3.吸气

右手臂一划出水面,头部刚好能摆上水面,大口吸气,随着右手臂在空中移臂的过程,将头再次埋进水里,直到右手臂入水结束,这期间有一个闭气的过程,直到头部完全摆向左下方;然后,在左臂空中移臂至入水、划水的过程中,口鼻开始慢慢呼气,头部也慢慢摆向右侧,进行下一轮吸气的准备。

蝶　泳

蝶泳是以蛙泳为基础演变而来的一种游泳姿势,起初腿部系模仿蛙泳的游法,两臂则对称由前往后划水,经由空中向前移臂,动作近似蝴蝶飞行的动作,故称蝶泳。

蝶泳手臂动作要领图解

1.入水

手肘稍微弯曲,略高于小臂,掌心向下,手掌跟水平面大概成45°角入水,接着带动小臂和大臂依次入水。

2.抱水

完成入水之后,手臂外旋,掌心逐渐转为向后,手的运动方向逐渐变为向外、再向后、再向下抱水。

3.划水

完成抱水之后,前臂外旋的同时,逐渐加大曲臂的动作,双臂慢慢划水至肩部下方(标准动作要求此时的大小臂刚好形成90°),再继续往下划水至腹部下方,此时双手几乎碰到一起。

4.推水

完成划水之后,双手运动方向逐渐转为向外、再向后、再向上,掌心由向外逐渐转为向后侧上方,在后面看是做了一个向外的弧形推水动作。

5.出水

推水还没有结束之前,双肘就已经开始往上提,掌心向外后侧,由于推水的惯性,自然提肘出水。

6.移臂

完成出水之后,肘关节稍微弯曲,双臂内旋,由小臂带动手掌出水,掌心向上,由身体内侧向双侧外面前摆,移臂的时候必须稍微用力,利用惯性,双臂自然向前摆,注意速度必须快,否则身体就会往下沉,加大水阻力,影响了向前滑行速度。

蝶泳腿部动作要领

1.蝶泳腿部动作

主要由向上打水和向下打水两个部分组成,打水过程中,双腿必须并拢,双脚形成"内八字",而且双腿的动作必须同时进行。

2.向上打水

向下打水结束之后,膝关节为伸直状态,双脚在最低点,臀部接近水面(标准动作要求髋关节弯曲大概160°);双腿伸直,开始向上打水,当大腿上升到差不多与躯干在同一直线上的时候,臀部开始往下沉,大腿也开始逐渐往下压,一边下压一边加速,膝关节也逐渐弯曲,一直到双脚差不多达到水面,臀部下沉到最低点为止。

提示:标准动作要求此时双脚离水平面5cm,膝关节成130°。

3.向下打水

随着向上打水的即将完成,大腿开始加速下压,同时带动小腿和脚向后下方打水,一直到膝关节完全伸直,脚处于最低位置;向下打水主要产生推进动力,所以向下打水的好坏直接影响到前进速度的快慢,打水时,踝关节稍微内旋,脚掌伸直、稍微弯曲,增大打水面积,同时加大打水速度,提供更大的推进力。

提示:向上打水与向下打水并没有很明显的分界线,躯干与腿部动作的连贯,才能保证波浪式的动作协调性。

蝶泳手脚配合换气技巧

1.蝶泳一般采用一次手臂动作,两次打水动作,一次呼吸。

2.双臂入水时,双腿向下打水,头部潜入水里,憋气或者呼气。

3.双臂抱水时,双腿向上打水,头部仍然潜在水里。

4.双臂划水至腹部下方时,双腿再次向下打水,然后抬头快速吸进一口气。

附录　一起来学游泳吧

5.双臂推水结束时,双腿向下打水也随着结束,头部再次潜入水里憋气或者慢呼气。

6.双臂进行移臂时,双腿开始做下一个向上打水动作,头部潜在水里慢呼气或者憋气。

仰　泳

仰泳在各种游泳比赛中,它的速度次于蝶泳及自由泳,动作配合一般是,两臂各划水一次,两腿打水六次,呼吸一次,身体自然伸展,仰卧在水中保持流线型,头和肩部稍高,腰腹和腿部保持水平。

仰泳手臂动作分解

1.入水

完成空中移臂之后,由于惯性,手臂自然放松,保持直臂,不能弯曲,小手指先入水,拇指向上,掌心向后侧方。

提示:标准动作要求手掌与小臂差不多成160°角。

2.抱水

充分利用空中移臂的惯性,掌心向下,划入水里,同时伸展肩部,弯曲手肘和手腕,上臂内旋,配合身体的摆动,使手掌跟手臂对准水,感觉到一定的压力作用。

提示:标准动作要求肘部成150°角,手掌距离水面30cm,肩部处于一个较高的位置。

3.划水

完成抱水之后,前臂内旋,掌心由内、下、后逐渐转为内、下、前,肘关节和大臂慢慢向身体靠近,用力向脚的方向推水,会感觉到水流从小指流向拇指,推水结束后,手臂伸直,手掌处于大腿侧下方。

4.出水

完成划水之后,借助手掌压水的反弹力,手臂自然放松,迅速提肩,肩部出水之后,由肩部带动大臂,再小臂,最后手依次出水。

5.空中移臂

提肩出水之后,臂部自然放松、伸直,手迅速从大腿外侧方向提至于肩部前面,并且垂直于水平面,同时,肩关节必须充分伸展开,为下一步入水做好准备。

仰泳腿部动作分解

1.直腿下压

膝关节充分伸展,臀部肌肉缩紧,整个腿向下压,当压到一定程度的时候,由于腿部的向下惯性,小腿继续下压,而大腿停止向下,这时膝关节将会有些弯曲。

提示:下压动作并不产生推进动力,所以腿部各关节要自然放松,而且速度不用快。

2.屈腿上踢

完成直腿下压之后,大小腿大概形成140°角,此时大腿跟小腿达到了最大弯曲度,膝关节充分展开,靠腰部力量大腿带动小腿,小腿带动脚加大力量与速度往水面方向踢水,直到膝关节快接近水面时停止上踢动作。

提示:整个过程尽量避免膝关节、脚尖露出水面,脚尖尽量伸直,加大打水的面积。

附录　一起来学游泳吧

仰泳呼吸换气技巧

仰泳的呼吸换气相对来说比较简单,但为了避免呼吸过于频繁或者过于不充分而导致动作紊乱,一般采用划水两次,呼吸一次的频率。也就是说,当一个移臂开始时,进行吸气,并有一短暂的憋气,直到另一个移臂开始时,便进行呼气。

蛙　泳

"划手腿不动,收手再收腿,先伸胳膊后蹬腿,并拢伸直漂一会儿。"这是蛙泳者在游泳时手脚配合的一个顺口溜,从顺口溜中我们就可以看出,手的动作是先于腿的动作,所以一定要在收手后再收腿,伸手后再蹬腿。

蛙泳的完整配合动作

双手外划时抬头换气,双手内划时收腿低头稍憋气,双手前伸过头时蹬腿吐气。

蛙泳臂部动作

1.外划

双手前伸,手掌倾斜大约45度(小拇指朝上)。双手同时向外、后方划,继而屈臂向后、向下方划。

181

2.内划

掌心由外转向内,手带动小臂加速内划,手由下向上并在胸前并拢(手高肘低、肘在肩下),前伸。

3.前伸

双手向前伸(肘关节伸直)。

提醒大家注意:外划是放松的,内划是用力地、加速完成的、前伸是积极的。

蛙泳的腿部动作

1.收腿

屈膝收腿,脚跟向臀部靠拢,小腿要躲在大腿后面慢收腿,这样可以减少阻力。收腿结束时,两膝与肩同宽,小腿与水面垂直,脚掌在水面附近。

2.翻脚

两脚距离大于两膝距离,两脚外翻,脚尖朝外,脚掌朝天,小腿和脚内侧对准水,像英文字母"W"。

3.夹蹬水

实际上是腿伸直的过程(屈髋、伸膝),由腰腹和大腿同时发力,以小腿和脚内侧同时蹬夹水,先是向外、向后、向下,然后是向内、向上方蹬水,就像画半个圆圈。向外蹬水和向内夹水是连续完成的,也就是连蹬带夹。蹬夹水完成时双腿并拢伸直,双脚内转,脚尖相对。蹬水的速度不要过猛,要由慢到快地加速蹬水,两条腿将近伸直并拢的时候蹬水速度最快。

4.停

双腿并拢伸直后在一个短暂的滑行(1—2秒)。

参考文献

[1]刘劲松.学会保护我自己:溺水事件[M].杭州:浙江少年儿童出版社,2016.

[2]赵喜昌.青少年防溺水安全警示读本[M].广州:广东人民出版社.2017.

[3]马焕灵.中学生防溺水安全教育[M].北京:高等教育出版社.2013.

[4]马雷军.小学生防溺水安全教育[M].北京:高等教育出版社.2013.

[5]侯红霞.嬉水之灾:溺水事故灾害的防范自救[M].石家庄:河北科技出版社.2014.

[6]庄树宝.游泳安全与救助[M].广州:广东南方日报出版社.2013.

[7]冯庚.涉水安全与紧急救援——岸上紧急施救[J].北京:中国全科医学.2013.

[8]冯庚.涉水安全与紧急救援——淹溺知识介绍(上)[J].北京:中国全科医学.2013.

[9]冯庚.涉水安全与紧急救援——淹溺知识介绍(下)[J].北京:中国全科医学.2013.